大菩薩嶺
中央自動車道
東京
13
東関東自動車道
27
犬吠埼
千葉
29
九十九里浜
多摩川
東京湾アクアライン
丹沢山
6
8
横浜
14
東京湾
太平洋
東名高速道路
7
富士山
3
1
4
2
富津岬
30
31
房総半島
太東崎
32
館山自動車道
5
相模川
相模湾
大瀬崎
天城山
伊豆半島
大島
石廊崎
坂東三十三観音
1 杉本寺（杉本観音）
2 岩殿寺（岩殿観音）
3 田代寺（田代観音）
4 長谷寺（長谷観音）
5 勝福寺（飯泉観音）
6 長谷寺（飯山観音）
7 光明寺（金目観音）
8 星谷寺（星の谷観音）
9 慈光寺
10 正法寺（岩殿観音）
11 安楽寺（吉見観音）
12 慈恩寺（慈恩寺観音）
13 浅草寺（浅草観音）
14 弘明寺（弘明寺観音）
15 長谷寺（白岩観音）
16 水澤寺（水澤観音）
17 満願寺（出流観音）
18 中禅寺（立木観音）
19 大谷寺（大谷観音）
20 西明寺（益子観音）
21 日輪寺（八溝山）
22 佐竹寺（北向観音）
23 正福寺（佐白観音）
24 楽法寺（雨引観音）
25 筑波山 大御堂
26 清瀧寺
27 円福寺（飯沼観音）
28 龍正院（滑河観音）
29 千葉寺
30 高蔵寺（高倉観音）
31 笠森寺（笠森観音）
32 清水寺（清水観音）
33 那古寺（那古観音）

改訂新版

坂東三十三所観音巡礼

坂東札所霊場会・編

坂東三十三所観音巡礼／目次

坂東三十三観音について

清水谷孝尚

㈠ 観音札所巡礼の創始

インドにその源を発する観音信仰は、仏教の東漸にともなって中国、朝鮮、そして日本に流伝した。特にわが国においては、きわめて古くから、また、各時代を通じて観音信仰は継承され、やがて全国津々浦々に至るまで浸透、それゆえに民衆信仰を代表するものとなっている。だから現存するあらゆる仏像の中で、観音像がもっとも多数を占めており、また、観音信仰の縁起《えんぎ》や説話《せつわ》のたぐいも多く語り伝えられ、信じられている。

この観音信仰の基盤をなす代表的な経典は「妙法蓮華経《みょうほうれんげきょう》」の中の「普門品《ふもんぼん》第二十五」であるが、真心《まごころ》をもって一心に観音の御名《みな》を称《とな》えれば、その音声《おんじょう》を観じてたちどころにわれわれの苦悩を観音菩薩は救いたもうとある。そして、その慈悲心のおはたらきが、姿を三十三種に変じての救いとなっているといわれるのである。

この三十三という数に合わせて始められたのが、三十三観音札所巡りである。これは観音さまへの帰依《きえ》のあらわれのひとつとして行われているもので、したがって札所から札所への祈りの中で救われた人も無数といわれる。しかも永い年月の間に、そこには納経《のうきょう》・ご詠歌《えいか》・笈摺《おいずる》など独特の習俗を生み、現在でも多くの人々によってそれが伝承されていることは、巡礼が国民的信仰であることを物語っていよう。

では、この観音札所巡りの信仰は、いつの時代から、誰によって創唱されたものであろうか。伝説によれば、巡礼の始めは大和長谷寺《はせでら》の開山徳道《とくどう》上人が養老年間（七一七〜七二三）に閻《えん》魔《ま》大王の勧めによって発願、多くの人々を誘ったことにあるという。だが誰も信じようとしないので、そのままとなっていた。やがて約二百七十年後のこと、花山法皇《かざんほうおう》が河内国石川寺（叡福寺）の仏眼《ぶつげん》上人・播州書写山の性空《しょうくう》上人を先達《せんだつ》として、自ら巡礼なされ、これを中興したというのである。この両者に関する巡礼創始、中興の話は有名で、室町時代の禅僧の語録《ごろく》である『竹居清事《ちっきょせいじ》』や『天陰語録《てんいんごろく》』などにも明記されており、かなり以前からの伝承であることが知られる。しかも、少なくとも江戸時代まで大多数の人がこれを史実として疑わなかったことは特筆すべきことである。

特に至尊《しそん》の身であらせられた花山法皇が、実際に歩まれた道を、そのままに辿るのだという敬虔な気持ちと誇りとは庶民にとって、大きな心のささえであったろう。だから、多くの札所縁起が花山法皇の巡錫《じゅんしゃく》を記しているのもうなずけるのである。その意味で観音札所信仰の中で、一千年を経た今日においても、法皇は今も生きつづけておられると申してよかろう。

しかし、史実のうえでは、近江三井寺《みいでら》の覚忠《かくちゅう》大僧正が、応保《おうほ》元年（一一六一）近畿地方に散在する三十三ヵ所の観音霊場を七十五日かけて巡られたのが、その創始であるといわれる。それは三井寺僧侶の伝記を集めた『寺門《じもん》高僧記』の記録によるところである。したがって観音札所巡礼は、平安末期の創始で、修験者《しゅげんじゃ》たちによるものであることが知られる。そして札所のうえに「西国《さいごく》」の二字が冠せられるようになったのは、鎌倉時代、東国の人々の呼称によるものであったろうと推定されている。この東国人の西国札所に寄せる熱い思いは、やがて坂東札所の制定へとつながっていったのであり、この坂東札所の成立を前提としてのみ「西国」という二字の意味が理解できるのである。では坂東札所の歴史について触れてみることにしよう。

(二) 坂東札所の歴史

花山法皇とのゆかり

坂東札所のうち約十ヵ所に及ぶ霊場の「縁起《えんぎ》」が花山法皇が巡って来られ、札所に指定されたと記している。たとえば永禄三年（一五六〇）に書かれた『杉本寺縁起』には「永延二年戊子《つちのえね》の春、忝《かたじけな》くも法皇御順礼の勅命有て、当山を以て坂東第一番と定め御順礼有り、夫《それ》より今に至るまで貴賎《きせん》の順礼絶せずとなり」と記されている。

また、沙門亮盛《りょうせい》が江戸時代に著わした『坂東観音霊場記』(三で詳説)には、花山法皇が大和長谷寺に詣《もう》で、暁に祈念しておられると、香衣《こうい》の老僧があらわれ、「我れ坂東八州に於て身を三十三所に現ず。其の能《よ》く霊場を知るは河州石河《いしかわ》寺の仏眼《ぶつげん》上人なり。彼と倶《とも》に坂東巡礼を始行《しぎょう》してあまねく道俗男女を導くべし」とのお告げをうけたとも書かれている。

これらの資料からいえることは、坂東札所は花山法皇によって巡られたのをその嚆矢《こうし》としていることであり、その伝承を少なくとも江戸時代までは信じていたということである。しかし、史実のうえでは花山法皇が関東に下向されたとは信じ難いのであって、これはあくまでも西国札所の場合と同じように、札所の権威づけを意図したものといえよう。

また、この考え方のうちに坂東札所そのものが、どこまでも西国札所に倣《なら》って行われたものであることが示されているともいえる。いわゆる西国札所の地方移植の一つが坂東札所なのである。

源頼朝・実朝の信仰

西国三十三観音巡礼の信仰が坂東に及び、やがて札所が形成されていったのはいつの頃であったろうか。いま、その経過を明らかにする史料はないが、直接の契機は鎌倉幕府の成立と将軍家の深い観音信仰にあったといわれている。すなわち頼朝《よりとも》が将軍であった頃、その気運が起こり、実朝《さねとも》のときに機が熟して制定されたのではあるまいかというのである。

坂東札所が第一番を鎌倉の杉本寺とし、鎌倉・相模それに武蔵に札所の多いこと（これは戦乱によって退転した武相《ぶそう》の寺院を保護しようとした頼朝の政策を反映しているが）、そして安房の那古寺を打ち納めとしているなど、鎌倉居住者に巡拝の経路が好都合になっているなど、鎌倉期成立説に妥当性を与えている。この時代、三浦半島あたりから上総や安房へ通ずる海上交通は発達していたので、容易にこの順路は考えられる。

さて、頼朝がきわめて熱心な観音信者であったことは、『吾妻鏡《あずまかがみ》』によって知られる。これは伝説ではあるが、伊豆横道《よこどう》の三十三ヵ所の創始者に頼朝が擬せられていることは、頼朝が札所信仰に全く無関心な人であったならばつくられない話であろう。また、実朝もしばしば岩殿寺などへ参詣しており、元禄頃の記録には「実朝公坂東三十三番札所建立」と明記されている。

そして、この時期における坂東札所の創始を側面から促したのは、関東武士たちが平家追討などで西上した折、直接に西国札所を見聞し、信心を深めたことにあるといわれている。さらにいえば関東武士・土豪の間に、この頃、熊野参詣が行われており、巡礼への気分が高まっていたことも一因といえる。なお、浄土教《じょうどきょう》の関東伝播に対し天台・真言寺院の自衛策の一環として、観音信仰が鼓吹されたのにも由るという。

もちろん、この頃すでに関東の地にそれだけの観音霊場が開かれていたので、その組織化が可能であった。では誰が、いつ、どこで三十三ヵ所の霊場に連帯意識をもたせたのであろうか。建久三年（一一九二）後白河《ごしらかわ》法皇の四十九日の法要を鎌倉の南御堂で頼朝が行った時に、武相の僧侶百名が招かれた。そのうちに杉本寺・岩殿寺・勝福寺・光明寺・慈光寺・浅草寺、いわゆるのちに坂東札所となった寺から合計二十一名が集まっている。あるいはこの時に観音系寺院による札所制定への協議がもたれたかも知れぬ。それに積極的に協力したのが杉本寺の浄台房《じょうたいぼう》・慈光寺の別当厳耀《げんよう》・弘明寺の僧長栄《ちょうえい》であったと推考されている。それも頼朝の意図を充分汲んでのことであったろう。

ここで注意したいのは、関東八ヵ国に散在する三十三ヵ所の観音霊場を巡拝する者にとって、まず全行程が障害なく巡ることができるという保証である。それには各国が強力な支配者によって統制されていることが必要であり、国から国への旅を無条件で許してくれる政治態勢が不可欠である。その意味からしても、坂東札所は鎌倉幕府の成立をみてはじめて可能なことであったといえるのではなかろうか。

僧成弁の巡礼

源実朝の没後、わずか十五年後のこと、天福二年（一二三四）に坂東札所が実際に巡られていたことを示す確実な史料がある。それは福島県東白河郡八槻村の都々古別《つつこわけ》神社に残る観音像造立についての「墨書銘《ぼくしょめい》」であり、坂東札所の歴史を知るうえで貴重なものである。それによると僧、多分、山伏であったろうが成弁《じょうべん》なる者が三十三ヵ所を巡礼中、常陸八溝山《やみぞさん》観音堂に三百ヵ日参籠《さんろう》、別当の求めに応じて観音像を彫造したというのである。

八溝山観音堂は坂東第二十一番の札所であるから、これによって坂東札所は少なくとも天福二年以前に成立しており、修行僧たちによって巡られていたことが知られる。しかし、参籠三百日とあることなどから苦行《くぎょう》が予想され、一般の人々の参加はまだ見られず、幕府関係の上級武士か僧侶に限られて巡られていたもののようである。嘉禄三年から弘安三年（一二二七〜一二八〇）にかけて岩殿寺・星谷寺・浅草寺の興隆に尽くした沙弥西願《せいがん》もこの坂東札所信仰を鼓吹した僧侶の一人であろうといわれている。

一般人の参加

やがて室町時代になると一般庶民の参加が目立ってくる。足利市の鑁阿寺《ばんなじ》に残されている「巡礼札」には「文明五年六月廿六日、相州西郡源五郎兵衛三郎、坂東卅三所巡礼」とか「文明九年閏正月六日、武州足立郡芝蕨村、坂東卅三所巡礼・仙助三郎助二郎彦二郎」などとあり、この頃になってようやく関東在住の一般人が坂東巡礼に出たことが知られる。

また、中尊寺、西方寺などに残る延徳四年、大永七年、天文四年の「巡礼札」によって遠く奥州の地からも坂東札所を打った人がいたことがわかる。そして天文六年（一五三七）の『東勝寺鼠《ねずみ》物語』には「谷汲《たにぐみ》にて札を納め、又、四国遍路、坂東巡礼などして諸国を修行仕《し》ける」とあって、一地方の札所という地方性からの脱却も見られる。なお、室町時代の「狂《きょう》言《げん》」に「是より直に西国、坂東八ヵ国を巡って霊場を拝《おが》まうと思ふが何とあらふ」とあるなど、すでに坂東は西国と比肩するほどの札所になっていたようである。

室町末期には西国、秩父と合わせての「百観音札所」巡礼が行われるようになると、坂東札所も一段と賑わいを増し、江戸時代の盛況へと移っていった。

ところで坂東札所は番付《ばんづけ》通り巡ると道程に無駄の多い配置となっている。江戸時代の人、十返舎一九《じっぺんしゃいっく》の『金草鞋《かねのわらじ》』には「西国巡礼は第一より順に巡《ま》はれども、坂東はいろいろ入組み、順に巡はることとなり難し」とある。だから江戸時代の『道中記』には「江戸より此《この》ばんどう札所をまはるには、一ばん浅草、二ばんぐみょう寺、三番に杉本寺へ参るべし」などと指示するようになっている。江戸時代では当然のことながら、それ以前においても、順番にかまわず巡る場合が多かったのではなかろうか。しかし、番付は制定以来一ヵ所も変更がなかったようである。

江戸時代の明和三年、沙門円宗《えんしゅう》の著『秩父縁起霊験円通伝』に「坂東は武蔵、相模、安房、上総など八州にわたる。其の行路堪へ難し」とあるように全行程三百三十里（約一三〇〇キロ）の巡拝は容易のものではない。だから信心の浅い者たちへの吸引力は弱かったかも知れぬが、真摯《しんし》な巡礼者には、その恵まれた自然の景観、関東育ちのご本尊さま、すべてが魅力であったと思われるし、今日でもその状態は充分に保たれている。

㈢　坂東霊場記について

坂東札所の「縁起《えんぎ》」にふれながら案内記を書く場合、必ず見なくてはならない本に『三十三所坂東観音霊場記』（十冊）がある。この「案内記」でも各所で引用した。この本は真言宗の名僧亮盛《りょうせい》師の執筆により、明和八年（一七七一）に出版されたものである。西国札所についての多量な出版に比べると、数少ない坂東札所関係の書物の中で、まことに貴重な「霊場記」といえる。しかも正確にして豊かな内容は類書を圧している。この案内記の本文中に『坂東霊場記』とあるのは、すべてこの亮盛師の本のことをさしている。

亮盛師は享保八年（一七二三）武州葛飾郡二郷半領幸房村（埼玉県北葛飾郡三郷市幸房）の戸部《とべ》家に生れ、十一歳で茂田井の光明院尊慶について得度《とくど》、のち流山市鰭《ひれ》ヵ崎《さき》の東福寺の能勝に師事、また豊山《ぶざん》長谷寺に学び、延享二年（一七四五）三郷市花和田の西善寺の住職となった。

寛延三年（一七五〇）再び大和の長谷寺（西国札所第八番）へ修学のため向う途中、「宮《みや》の渡《わた》し」で暴風にあい、まさに同船の多くの人たちと命終ということになろうとした。時に亮盛師は観音経を読誦、長谷《はせ》の観音さまに一心に祈りをこめ、「大悲本誓《だいひほんぜい》あやまたずして此の諸人の限命を助けたまはれば、我れ三十三所に巡詣し、其の霊場の縁由《えんゆ》を集めて永く大悲の利生《りしょう》を伝へ、海滴の恩を報じ奉らん」とお願いしたのだった。実はこの発願は「我久しく坂東霊場に帰依して、其の縁起大成させることなきを憾《うら》む」と『霊場記』の序文にある如く、亮盛師がかねてから考えていたところであった。

この祈誓《きせい》をするや、半刻ばかりして風はやみ、無事に桑名に着くことができた。したがってこの『霊場記』は亮盛師がうけた尊い観音霊験によって、この世に問われたものであるといえよう。各所に篤い信仰のあらわれが見られるのも、そのためである。長谷寺に約六ヵ年間修行し、帰東ののち日輪院さらに所沢市上山口の金乗院（山口観音）の住職となった。その間『坂東霊場記』の執筆にあたり、各札所を再三訪ね、その寺の「縁起・旧記」を書写、また土地の古老に伝説をたずね、古文献をさぐるほか、内外の典籍（引用書は百種を越えている）の中から関連する記述を抄出して付記し、読者の理解に便ならしめている。そして推敲《すいこう》を重ねて誤りなく、読み易いように配慮されており、文学的にも名著であり、出版後は江戸時代のいろいろな書物に引用されている。「施主」（援助者）百四十一名の浄財を得て「前川権兵衛」を版元《はんもと》として明和八年（一七七一）六月に出版した。

亮盛師は享和三年（一八〇三）に示寂したが、それまでに「狭山《さやま》三十三観音札所」を創設して『狭山順礼記』を出版したり、筑波山知足院（廃寺）の院代《いんだい》を勤め『筑波山名蹟誌』を出版するほか、『七夕草露集』『大黒天宝のう記』『東京六地蔵巡礼記』などを著わした。実に近世における真言宗豊山派の学僧といえよう。『坂東霊場記』の活字本は金指正三氏校注のものが青蛙書房から、また『続豊山全集』にも収められている。

なお、この案内記の中で「風土記稿」としているのは『新編武蔵国風土記稿』（文政十一年）・『新編相模国風土記稿』（天保十二年）のことで、江戸幕府官撰の「地誌」のことである。

坂東札所の巡礼には電車とバスを利用すると約十二日間を必要とする。徒歩では四十日かかるともいわれている。今日、これを一回で巡り終えようとするより、何回かに分けて巡る人の方が多いようである。その方が実生活にあって無理がないせいであろう。それには地域的にまとまっている札所を何ヵ寺かきめて、日帰りか、一～二泊の日程がよい。

とにかく巡りはじめたら三十三ヵ所を満願《まんがん》にしようという心がけが何より大切である。

三十三ヵ所の霊場全部を巡り終えたという充足感は、生きる力となってあらわれてくるからである。

観音札所巡礼によって「こころ」が澄み、そこに「もう一人の自分」を見出すことができるということは、すでに多くの巡礼者が体験し、告白しているところである。坂東札所は、あなたの期待に充分こたえてくれるものを持っている霊場である。「仏種《ぶっしゅ》は縁《えん》に従《よ》って起《お》こる」と教えられているが、観音さまとのご縁を深め心の平安を得て、より充実した人生を送りたいものである。

では坂東の各札所を、各寺の「縁起」をたよりにご案内することにしよう。

坂東三十三観音霊場

第1番　大蔵山《だいぞうざん》　杉本寺《すぎもとでら》（杉本観音）天台宗

神奈川県鎌倉市二階堂903　☎0467・22・3463　〒248-0002
本尊：十一面観世音菩薩　開基：光明皇后（伝）　開山：行基菩薩　創立：天平六年（七三四）
御詠歌：頼みある　しるべなりけり　杉本の　誓ひは末の　世にもかはらじ

三尊同殿の霊場

美しい自然の景観、それに奈良や京都では拝《おが》めぬひなびたみほとけを祀る鎌倉の魅力にひかれて、この地を訪ねる人はまことに多い。いまや、その古都としての静けさも破られてしまったかと嘆かれるほどである。しかし、閑寂な雰囲気を保ち続けている寺もあり、そのうちの一ヵ寺が、坂東観音霊場の第一番札所の杉本寺である。

鎌倉の鶴岡八幡宮から東へ金沢街道を約一・三キロほど進むと、左手に丘陵が迫ってくるが、これが大蔵山、その中腹に杉本寺がある。享保十年（一七二五）建立の山門をくぐって、多くの参詣者によって踏み減らされた急勾配の石段を登りつめると、茅葺《かやぶ》きの五間四面の観音堂が杉木立ちを背に建っている。鎌倉最古の寺らしい枯れきったたたずまいが、まず拝者に心のやすらぎを与えてくれる。延宝六年（一六七八）の再建である。いたる所に千社札《せんじゃふだ》が

十一体の仏像が祀られている五間四面の茅葺きの観音堂

貼られ、また明和・安永・天明など江戸期の「巡礼奉納額」などが長押《なげし》を埋め、本尊に寄せられたあつい信仰の歴史がしのばれる。入山料を納めて、苔むした参道の左に設けられた脇の参道から詣でることになる。

永禄三年（一五六〇）書写の『杉本寺縁起』に、天平六年（七三四）僧行基《ぎょうき》が自刻の十一面観音を安置して開創したとある。のち仁寿元年（八五一）に慈覚《じかく》大師が同じく十一面観音を内陣《ないじん》の中尊として納め、天台の法流に属せしめた。さらに寛和二年（九八六）恵心僧都《えしんそうず》が花山《かざん》法皇の命をうけて十一面観音を奉安したと伝える。これが三尊同殿の由来である。明和八年（一七七一）沙門亮盛《りょうせい》師によって著わされた『坂東三十三所観音霊場記』は、このことについて「坂東第一番と成る事、其の故あらんか。……行基・慈覚・恵心の三師、各々十一面の尊像を作り三体同殿を算《かぞふ》れば、三十三の悲願分身にあたる。是れ其の第一番に在て四八の霊場を発《ひら》く由乎」とみえているのが面白い。

藤原の世の二躯《にく》鎌倉の世の一躯
　相伴《つ》れおはす南無観世音

と歌人吉野秀雄氏が歌っている。

せっかくの参拝なのだから入堂して、ご三尊を拝していただきたい。

ご本尊の霊異

『吾妻鏡《あずまかがみ》』文治五年（一一八九）十一月二十三日の条に「夜に入りて大倉観音堂回禄」とあり、時に別当浄台房《じょうだいぼう》が煙火の中から本

手入れされている苔むした参道、今は左側の参道から観音堂へ参詣する

尊三体を運び出したが「衲衣《のうえ》わずかに焦《こ》ぐといへども身体あえて恙《つつが》なし」と霊験《れいげん》が語られている。この頃から多くの信者を迎えるに至ったのであろう。『坂東霊場記』には、この時に本尊自らが境内の杉の木のもとに難を避けられたので、それ以後、杉本寺と呼ばれることになったとある。

源頼朝《よりとも》は深くここの観音に帰依し、『吾妻鏡』の建久二年（一一九一）の条に「累年《るいねん》風霜侵《おか》し、甍《いらか》破れ軒《のき》傾けり、殊に御憐愍《れんびん》有って修理を為す」とみえており、寺運の再興につくし、そのうえ前立《まえだち》本尊も納めている。建暦二年（一二一二）将軍実朝《さねとも》も参詣している。この寺には信仰心のない者が寺の前を乗馬したままよぎると落馬するという伝えがあり、のちに建長寺開山大覚《だいかく》禅師が祈願して自らの袈裟《けさ》で、行基菩薩が彫られた十一面観音像の尊顔をおおったところ、そのことは止《や》んだので下馬観音・覆面《ふくめん》観音といわれたなど、いかにも当時の武士たちとつながりの深い話である。

本堂横の五輪塔群は南北朝時代、北畠顕家との戦乱でたおれた斯波一族の供養塔で、わびしげに互いによりそって建っている姿が杉本寺に一層の静けさを与えている。歴史の多くはこのような目立たない一隅に、その真相を伝えているものだ。

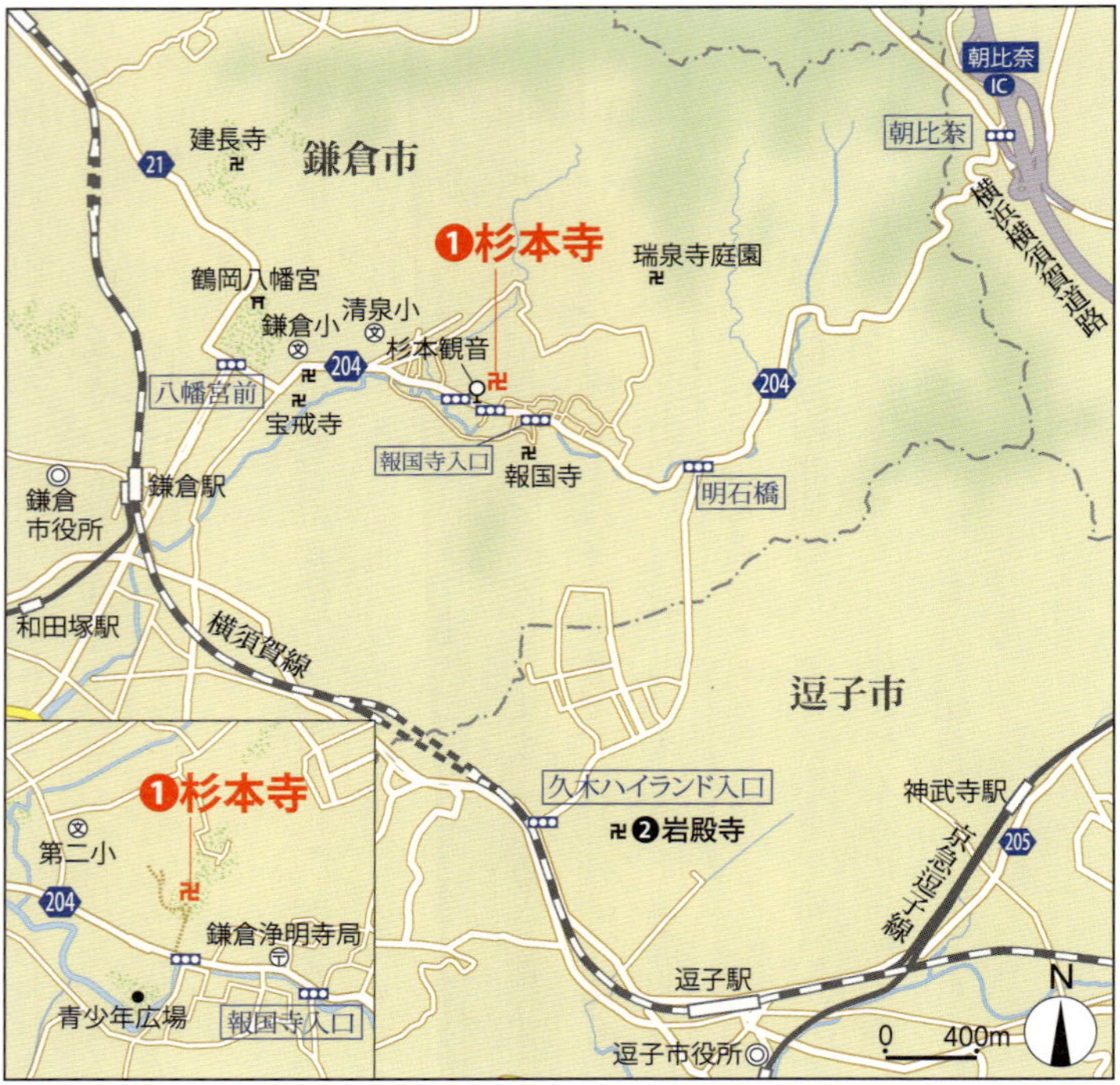

大蔵山 杉本寺

交通　電車：JR横須賀線鎌倉駅から徒歩25分、鎌倉駅 京浜急行バス5番乗場より「杉本観音」下車、徒歩1分、鎌倉駅よりタクシー 7分　車：横浜横須賀道路朝比奈ICから鎌倉駅方面へ約10分

駐車場　なし

入山受付時間　8:00 ～ 16:15

拝観料　一般200円、小学生100円

納経時間　8:30 ～ 16:30

主な年中行事　8月10日：四万六千日　毎月1日・18日：本尊護摩供

争いのない世界

杉本寺住職　静川慈昭

杉本寺に十一面観音さまのお像が三体おまつりされているのは、十一面観音信仰の波が三度この寺に高まったことを示しているといえましょう。

頭の上をよく拝しますと正面に三つのやさしい顔、その左側に三つの怒った顔、右側に三つのこわい顔、そしてうしろに笑った顔、その十の顔の中心に正面を向いて仏《ほとけ》さまの顔がついているのがわかります。

これは観音さまが、その日、その時によって変る私たちの心と行《おこな》いにあわせて、それに最も適した顔で導きお救いくださることを意味しているといわれるものです。すなおで正しい人にはやさしい顔で、悪いことを考えている人には怒りの顔で、善いことをしている人には、これはこわい顔ですが励ましておられ、また落ちつかない人には、そんなことでどうするのかと笑いながらたしなめてくださるわけなのです。

だから、どのお顔も私たちを幸せにしてくださるためのもので、すべてが観音さまの温かい心のあらわれなのです。ですから、みんなが十一面観音さまを信ずると争いのない世界が実現するのです。

第2番　海雲山《かいうんざん》　岩殿寺《がんでんじ》（岩殿観音）曹洞宗

神奈川県逗子市久木5-7-11　☎046・871・2268　〒249-0001
本尊：十一面観世音菩薩　開基：徳道上人・行基菩薩　創立：養老五年（七二一）
御詠歌：たちよりて　天の岩戸を　おし開き　仏をたのむ　身こそたのしき

徳道・行基両上人の開基

JR逗子駅から徒歩15分、静かな住宅地の中を縫うようにして山門に至る。表参道の「写《うつ》し札所」の観音さまを拝しながら行くと、巡礼者としての心構えがおのずから整ってくるのが有難い。山門を経て百二〇段の石段を踏むと、江戸期再建の古観音堂（逗子市重文）がある。古木に囲まれたここの風致は森厳そのものといえる。

寺伝によれば大和長谷寺《はせでら》の開基徳道《とくどう》上人が、ここで熊野権現《くまのごんげん》の化身《けしん》である老翁に逢い、霊地たるを知り、また数年のちに行基《ぎょうき》菩薩が訪れて十一面観音の石像を安置したのが開創という。古観音堂裏の岩窟に立ち給うご尊像、これに寺号は由来する。全体にほっそりと丸みのあるお姿に生身《しょうしん》の菩薩を感じ、合掌せずにはおられない。この縁起は長谷寺の勧進聖《かんじんひじり》たちによって説かれたものかも知れない。（奥の院観音は落石危険のため、現在立入禁止中）

御朱印は、本堂兼納経所でいただける

鎌倉将軍家の帰依

『吾妻鏡』文治三年（一一八七）二月二十三日のところに「姫公岩殿観音堂に参りたもう」とあるように御台所、大姫、実朝など一族の帰依はことのほかあつく、参詣もしばしばであった。というのも、源頼朝がはじめ文覚《もんがく》上人の勧めによってこのご本尊を信仰、治承四年（一一八〇）石橋山の敗戦で房州州崎に逃れる折、観世音が船頭となって無事送ったという話は有名で、これこそ源家再興への大きな霊験であり、頼朝は生涯守《まも》り本尊としていたのであるから当然のことであろう。

江戸時代の『観音霊験記』も、この話を絵図入りで載せている。鎌倉とその周辺には源氏の盛衰にかかわる史話が多く伝えられているが、房州へ向かう七騎落ちの船の舳《へさき》に棹をさしている観音さま、このような霊験図を見ていると自然と宗教的感性がみがかれてくるから不思議である。

文豪泉鏡花とのゆかり

泉鏡花がすず女と恋に落ち、逗子に滞在していたのは明治三十五年と三十七年の夏であり、その折よくこの岩殿寺へ二人は足を運んだらしい。そしてここの老僧に親近して、のちに参詣者の憩いにと鏡花は瓢箪池を寄進した。

古観音堂左側の階段を抜けて裏山に登ると、四阿《あずまや》「瑞光亭」からの眺望がすばらしい。逗子の海岸、三浦半島、房総半島までが一望の

120段の石段を上った先に立つ古観音堂

うちにおさまる。鏡花が『春昼《しゅんちゅう》』という作品の中で「此の山の裾にかけまして、ずっとあの菜種畠の辺、七堂伽藍建て連《つ》らなって居りましたそうで」と書いているが、かってはこの山の周囲にわたり広大な寺域をもっていたことが偲ばれる。『坂東霊場記』に「南海渺《びょう》焉《えん》として目力をほしいままにする」とあるのがうなずける。

「時移り世衰え、此の寺の何宗旨に属するも知らず、天正十九年辛卯に至り、大将軍家康公、旧証を追て許多《きょた》の田を寄附し、観音堂の領となし」と当山の縁起にあって、寺格を保っていたことが知られるが、明治維新前後は大いに衰えた。だが前ご住持がこれを再興された。

古観音堂外陣の格天井を飾る板絵はすばらしいと聞いているが、残念ながら今は立ち入ることはできない。現在、山上、山下全域に百観音札所の巡礼歌を刻んだ石碑が建てられ、われわれを信仰の世界に誘《いざな》ってくれるのは有難い。弘法大師が爪《つめ》で彫られたと伝える石の地蔵尊をつめの病に悩む人が拝むという。古梅を庭に配した本堂兼納経所で納経してくださる。山門の左に、鏡花の「普門品《ふもんぼん》ひねもす雨の桜かな」の句碑がある。岩殿寺住職、檀家や文化人らの協力により建てられた。

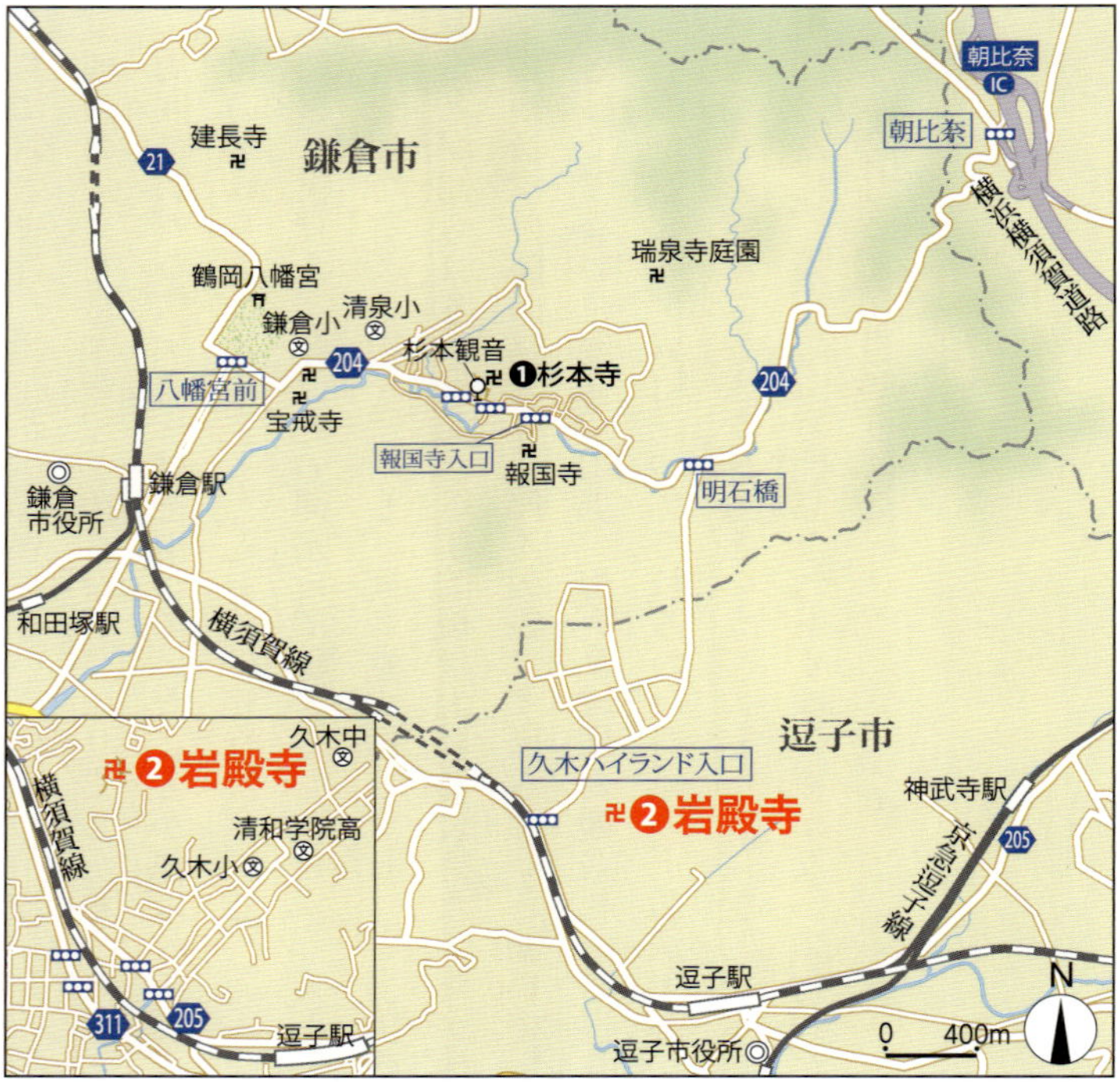

海雲山 岩殿寺

交通　電車：JR横須賀逗子駅から1.5キロ徒歩15分、京浜急行新逗子駅から2キロ 徒歩20分　バス：逗子駅東口・新逗子駅北口から京浜急行バス（逗29）にて7分「久木東小路」下車徒歩5分　車：鎌倉方面からは県道311号線を南下、トンネルを3つ越え踏切を渡り県道205号線に入り、ポストの角を左折し山門へ

駐車場　10台（普通車10台）

拝観時間　8:00 ～ 17:00

拝観料　100円

納経時間　8:00 ～ 17:00

主な年中行事　2月18日：仏涅槃会　4月初旬：仏誕生会　7月18日：大施餓鬼会　8月10日：四万六千日　12月初旬：仏成道会　毎月1日、15日：祝禱会　毎月18日：観音会

泉鏡花と岩殿寺

岩殿寺第十七世住職　洞外正教

泉鏡花と岩殿寺との関係は、先住老僧との出合いからはじまります。明治三十五年の夏、散策がてら来山された折、あまりにも疲れきった顔をされていたのを、老僧が心配し、庫院に迎い入れ、茶話のうちに、四年の年月、老僧との交友がはじまったわけです。

老僧は易学にこっていたので、鏡花も来訪の都度、老僧の易を楽しまれ、ことのほか老僧の漢詩の話に聞き入ったとのことです。

この四年間の老僧との交友が、後年の鏡花文学のあの神秘な作品の基礎づくりになったことは、作品を読めばうなずけると思います。

当初、不健康の原因となったのは、後年奥さんになられるすず夫人との師（尾崎紅葉）を裏切っての同棲生活にあったわけです。慢性の胃腸病に加えて強度のノイローゼに苦しんでいた鏡花でしたが、適度の散策と、老僧の情熱的な茶談に、健康を回復されたわけです。こうした報恩の心が、御夫妻をして、古観音堂前に「鏡花の池」の寄進をおもいたたせたことでしょう。池づくりには、すず夫人の御努力が大変なもので、老僧の奥さま宛に送られた手紙のうちに、読みとられます。

第3番　祇園山《ぎおんざん》　安養院《あんよういん》田代寺《たしろじ》（田代観音）　浄土宗

神奈川県鎌倉市大町3-1-22　☎0467・22・0806　〒248-0007

本尊：千手観世音菩薩　開基：田代信綱　開山：尊乗上人　創立：建久三年（一一九二）

御詠歌：枯樹《かれき》にも　花咲《はなさ》く誓《ちか》ひ　田代寺《たしろでら》　世《よ》を信綱の　跡ぞ久《ひさ》しき

武将信綱の信仰

鎌倉の街道沿いに石垣を築き、百数十株のつつじの植え込みを配した寺が安養院である。鎌倉には「花の寺」が多いが。ここも花に風情あふれる霊場である。浄土宗名越派の根本道場の石標が左側に、右側に宝永二年（一七〇五）江戸浜松町の山田喜右衛門が奉納した「田代観音坂東三番」の石柱が建っている。境内に入ると名越派の開祖尊観《そんかん》上人お手植えの樹齢七百年の槙《まき》の巨木が仰がれる。その下に弘法大師御作と伝える日限《ひぎり》地蔵尊が祀られており、近所の人たちが合掌している姿をよく見かけるが、何かほっとした風景である。

正面の観音堂は新しく、昭和二年の建立であり、内陣には阿弥陀如来《あみだにょらい》、そのうしろに千手観音が安置されている。「蓮肉に置いた裸足のふくらみや細くきれ長な眼尻には、人間に対する厳しい愛がある」と評されているそのお姿に、これまで幾多の巡礼者が祈りをこめてき

昭和二年建立の観音堂

たことであろう。

この寺の歴史はやや複雑であるが、寺伝によれば源頼朝の家臣田代信綱《のぶつな》は、入宋した奝然《ちょうねん》大徳が所持しておられた観音の画像を得て深く信心していた。軍陣に向かう時には必ず鎧の中に捧持して祈念を怠らぬ有様であった。『源平盛衰記』には信綱が石橋山敗戦の折に頼朝を逃がさんと奮戦した様子など「文武一雙の達者《たっしゃ》なり」と賞されたことが記されているが、戦場でたびたびの危難を逃れ、数度の武勲をあらわすことができたのも、すべてこの観世音のご利益と、その報恩のために建久三年(一一九二)尊乗《そんじょう》上人を開山として比企ヵ谷に白花山田代寺を創建した。本尊の千手観音は鎌倉期制定の坂東第三番札所として尊信を集めた。
増上寺所蔵の古文書で、享保年間（一七一六〜三六）に僧常元が採訪した「浄土門末寺院」の記録の中に「相模・大町村・田代寺普門院」の項に「田代冠者信綱公室中示現之千手観音精舎建立。又、実朝公坂東三十三番札所建立之時、第三番目ノ札所ト決定」とあるが、これは坂東札所制定の歴史を知るうえできわめて貴重な資料といえる。

二寺合併の由来

一方、嘉禄元年（一二二五）北條政子が夫、頼朝の菩提《ぼだい》を弔うため、笹目ヵ谷に願行《がんぎょう》上人を開山として祇園山長楽寺を建立した。だがその年の七月に政子が死去し、この寺に祀られることになった。しかるに長楽寺は元弘三年（一三三三）鎌倉幕府滅亡の際、兵火によって焼け、同じく焼失した名越の善導寺跡に移り、二寺は合併されて安養院となった。安養院はさらに延宝八年（一六八〇）に火災にあったが、その際に田代寺をここに移して復興されたのである。

ともあれ北條政子との深いかかわりによって、そのつど護られてきた寺で、本堂の背後に大小二基の宝篋印塔《ほうきょういんとう》があり、鎌倉最古のものとして重文に指定されている。大きい方が尊観上人の塔、小さい方が政子の墓であると伝える。苔むした安山岩の美しい形の塔には「二位政子御法号安養院殿如実妙観大禅定尼」と陰刻されている。本堂には尼僧姿の政子の木像があり、晩年の面影を偲ばせる。病弱な大姫・乙姫の母として涙し、頼朝の死、頼家の非業《ひごう》の最期、実朝の悲劇、まさに波乱のうちに生きた人、心から神仏を頼むことが多かったにちがいない。六十九歳の生涯であった。

政子がここのご本尊に祈って頼朝と結ばれた故事により「良縁」を祈る人が多い。

ここには宝暦二年（一七五二）七月吉日の銘をもつ小鐘が伝存するが、それには「江戸八丁堀・女中講」とみえており、この寺の女性信者層の厚さを知ることができる。

「田代観音坂東三番」の石柱が建つ山門

祇園山 安養院田代寺

交通　電車：JR横須賀線鎌倉駅東口から0.7キロ 徒歩12分　バス：鎌倉駅東口から京浜急行バスにて3分「大町四ツ角」下車徒歩2分、4分「名越」下車徒歩2分　JR横須賀線鎌倉駅からタクシー 3分　車：横浜横須賀道路・朝比奈ICから金沢街道・県道311号を大町四ツ角方面へ

駐車場　普通車３台（無料）

拝観時間　8:00 ～ 16:30

拝観料　100円

主な年中行事　春季彼岸会　8月10日：四万六千日　秋季彼岸会

安養院五観音の意義

安養院には、次の五体の観音さまが祀られています。

本尊千手観音＝すべての衆生を千の慈眼をもってご覧になり、千の手を差しのべて摂化されます。

馬頭観音＝その鋭い三眼をもった忿怒の相は邪悪を折伏せんがためで、馬頭を戴くのは大慈悲を奔馬のように速やかに施すことを表わしています。

准胝観音＝七億の仏母として惑と業と苦の三障を除くことを主眼とされています。

不空羂索観音＝心念不空の羂索によって衆生をつり上げて救済し、彼岸に至らせようとの念願を表わします。

聖観音＝左の手に未敷の蓮華を持ち、右手指先から生ずる微風によって開花しようとする姿を示しています。

これらの像を拝む時、蓮華が泥の中から生じて泥に染まらないように、現実苦悩の灼熱の世界から、すがすがしい解脱の世界へと高められていく思いがいたします。

第4番　海光山《かいこうざん》　長谷寺《はせでら》（長谷観音）

浄土宗系単立

神奈川県鎌倉市長谷3－11－2　☎0467・22・6300　〒248-0016
本尊：十一面観世音菩薩　開基：藤原房前　開山：徳道上人　創立：天平八年（七三六）
御詠歌：長谷寺へ　まいりて沖を　ながむれば　由井《ゆい》のみぎはに　立つは白浪

長谷のかんのんさま

鎌倉には百の寺があるが、大仏さまと長谷観音が最も有名で、八幡宮周辺の史蹟めぐりと共に鎌倉観光のベストコースになっている。だからここは巡礼者のほか一般参詣の人たちが日々群参している。

正面の石段を左右に折れながら登る。長谷寺の魅力の一つはこの参道にあるが、最近すっかり輪奐《りんかん》の美を整えた観音堂の荘厳なたたずまいは実にすばらしい。眺望絶佳な境内にふさわしい見事な伽藍配置といえよう。ここのご本尊が像高九メートル余の木彫像で、全身を金箔でおおい、その華麗さはまさに参拝者を圧倒するものがある。また、その巨像からの無辺の愛にすっぽりと包まれるような有難さもおぼえる霊像である。

同木異体

　長谷寺という名前の寺のほとんどが大和《やまと》長谷寺信仰の系列に入るが、ここは特に本尊が大和の観音像と「同木《どうぼく》」であることで知られる。『相州鎌倉海光山長谷寺事実』には天平八年（七三六）長さ三丈三寸の観音の巨像が三浦半島の長井の浜に着き、それを徳道《とくどう》上人を開山と仰いで藤原房前《ふささき》が奉安したのが長谷寺の草創というが、『新編鎌倉志』の長谷寺の項をひもといてみると「此観音大和長谷より洪水に流され……和州長谷の観音と此観音とは、一木の楠にて作れり。和州の観音は木本、此像は木末也」とあり、同本異体の信仰に重点を置いているのを見逃すことはできない。それ故に「新長谷寺」とも称していた。

　だが寺の創建年代や本尊の造立時期は不明

長谷寺式十一面観音像が祀られる観音堂

見晴台より鎌倉の街並みと由比ヶ浜、三浦半島を望む

であり、『吾妻鏡』にも何一つ記載されていない。しかし、僧忍性《にんしょう》が極楽寺坂を切り開いた文永・弘安年間（一二六四～一二八八）の頃から、この道を往来する人々の信仰を集めていったようである。弘長二年（一二六二）や徳治三年（一三〇八）在銘の板碑《いたび》、文永元年（一二六四）鋳造の銅鐘、嘉暦元年（一三二六）造顕の懸仏《かけぼとけ》などの寺宝が、この寺がだんだんと形を整えていった経過を示している。

『風土記稿』は足利尊氏《たかうじ》が康永元年（一三四二）に本尊を金箔で修復、義満《よしみつ》が明徳三年（一三九二）に光背《こうはい》を造るなど、その後の武将たちの庇護があつかったことを伝えているが、徳川家康が慶長十二年（一六〇七）に再興した時の「棟札《むなふだ》」に「海光山長谷寺荒廃、七零八落年久矣」とあり、時に消長の激しかったことを知る。がしかし、江戸時代にこの観音堂を修営した酒井忠勝の「棟札」には「当寺者観音堅坐之霊場、威力自在之効験、挙世皆崇信之」とあることによって衆庶の帰依は広範囲に及んでいたといえよう。

右手に錫杖《しゃくじょう》を持っておられるこの尊像独特のお姿は、地蔵菩薩への信仰をかねているだけに大衆の信心はあつく、遠く大和の地まで行かなくても同じご利益《りやく》にあずかれる江戸時代庶民の喜びは大きかったにちがいない。また、ご本尊の左右に奉安される三十三身の木像（現在は観音ミュージアムへ移安）は、巨像にあわせて造られたものだけに立派なものである。なお室町時代に流行した高僧像の形式をとる開山徳道上人の頂相彫刻もある。頼朝厄除祈願の阿弥陀如来、弘法大師作の出世大黒天、弁天窟など、ここは礼拝すべき場所が多い。

山田順子さんが「私たちの観音さま」に、次のように詠っている。

人よ来ませ慈顔たゝえて今日もまた

長谷観音はひとりおはすを

海光山 長谷寺（長谷観音）

交通　電車：JR横須賀線鎌倉駅下車、湘南京急バスで7分「長谷観音」下車徒歩5分　または江ノ島電鉄「長谷」下車徒歩5分　車：横浜横須賀道路朝比奈ICから県道204号線で30分

駐車場　普通車30台・バス4台

料金　普通車300円（30分）バス1000円（30分）

拝観時間

8:00 ～ 17:00、閉山17:30（3月～ 9月）

8:00 ～ 16:30、閉山17:00（10月～ 2月）

拝観料金　大人400円、小人200円

観音ミュージアム　9:00 ～ 16:00、（通年）　大人300円、小人150円

主な年中行事　1月1日：修正会・万灯祈願会　2月3日：節分会　3月18日春彼岸会　4月8日：灌仏会　5月11日：弁財天縁日　6月1日：阿弥陀会　6月18日：稲荷祭　7月18日：施餓鬼会　8月10日：四萬六阡日大功徳日　9月18日：秋季彼岸会　9月26日：大黒天縁日　11月18日：写経清浄会　12月18日：納め観音・歳の市・御足参り　12月31日：除夜会　毎月18日：観音会

鎌倉長谷寺山主　竹石元美

当山のご本尊十一面観世音菩薩には、古より言い伝えられてきた物語があります。大和の山中にある霊木より2体の観音像を彫り、1体を大和長谷寺のご本尊に、もう1体は観音さまが出現する所の人々の救済を祈り、衆生済度の請願がかけられ海に流されました。長らく海原を漂った観音像は三浦半島に漂着、その後当地に遷座され鎌倉長谷寺が草創されたという物語です。

三浦半島に漂着したとされる近くには初声（ハッセ）という地名があり、長谷（ハセ）の地名につながります。さらに漂着した観音様を祀る場所が決まるまでの間、仮安置していた場所として仮屋が崎という地名が現存しています。

この物語の信憑性はともかく、大和長谷寺を中心に全国に広がった観音信仰は、機軸である大和長谷寺との強いご縁を持つことにより、大きな現世利益が得られる御仏として尊宗されてきました。

我々万人の心はいつの時代でも脆弱に折れやすく、神仏にすがることが肝要です。悉く自己を見つめ自己を確認し反省を繰り返す、それによって新たな活力を生み将来を建設的に生き、その日常の中に安心と幸福を感じ得ることになります。観音さまが衆生を救済したい大慈大悲の功徳は、とてつもなく大きく「慈眼視衆生福聚海無量」慈悲に満ちた深い眼差しで我々を見守りその慈愛の大きさは海のように限りないものです。まずは観音さまに頼ってみませんか。

至心合掌

第5番　飯泉山《いいずみざん》　勝福寺《しょうふくじ》（飯泉観音）　古義真言宗

神奈川県小田原市飯泉1161　☎0465・47・3413　〒250-0863
本尊：十一面観世音菩薩　開基：弓削道鏡法師　創立：天平勝宝五年（七五三）
御詠歌：かなはねば　たすけたまえと　祈る身の　船に宝を　つむはいいづみ

天平の古刹

飯泉山勝福寺は小田原市の東北部、酒匂《さかわ》川東方の一区域に境内を構える。宝永三年（一七〇六）再建の地方色豊かな宝形《ほうぎょう》造りの観音堂を中心に、曽我《そが》兄弟が仇討《あだうち》の成功を祈り、怪力を授かった仁王尊を祀る仁王門、宝永元年鋳造の龍頭の手水鉢、室町期の手法を伝えるという寛永六年（一六二九）在銘の梵鐘《ぼんしょう》などが境内を荘厳している。

その奥は弓削《ゆげ》六坊の一つ、かつて弥勒院《みろくいん》の山門であったという四脚門で境をして庫裡が建つ。左手には神仏習合の名残りを留める八幡社があるなど、由緒深いたたずまいである。それに本堂前に樹齢およそ千年という銀杏《いちょう》がこの境内に一層の森厳さを加えている。

もとこの寺は現在地から二キロほど離れた千代村にあった。そこは今「観音屋敷《やしき》」といわれ、優秀な天平瓦《てんぴょうがわら》が出土している。『縁起』は天平勝宝五年（七五三）唐僧鑑真《がんじん》和上が将来した

宝形造りの観音堂

十一面観音像が孝謙天皇に献上され、のちに僧道鏡《どうきょう》に下賜されたが、道鏡が下野国薬師寺戒壇院《かいだんいん》再興のため下る途次、千代村に一宇を建てて奉安したのに始まると伝える。はじめは普陀落山弓削寺と称し、弓削氏の氏寺《うじでら》であったらしい。

『坂東霊場記』には、「当国足柄郡千代の里に至り笈仏《おいぶつ》急に重くなり押居《おしすえ》らるる如にして一歩も進むことを得ず」と記されている。この話はこの地の人たちが笈によって運ばれてきた観音へ深い信仰を捧げたことを語るもので、関東の地に観音信仰が中央から伝播してくるさまが想像できて興味深い。この伝承は天下の嶮《けん》とうたわれた足柄、箱根連山を越えて酒匂の平野におりた文化が、ここを足溜りとして花を咲かせたものとみてよいだろう。村の老若集まりて手に手に竹木を運んで堂舎を営んだと語られている。

小田原城の鬼門除け

金堂、講堂、東院（観音堂）、東塔、西塔、南大門などが千代の里に宏壮な構えを見せていたが、室町期に今の所に移され、応永二十五年（一四一八）には小田原城の鬼門鎮護の道場となり、勝福寺の勅号さえ賜わり、歴代城主の保護もあつく栄えた。本堂内陣の春日《かすが》造りの厨子に納められた像高二尺八寸、素木《しらき》造りのご本尊は三十三年目ごとに開扉される。お眼や唇以外には彩色を施していない

曽我兄弟が仇討ちの成功を祈った仁王尊をまつる仁王門

このお像は「関東における十二世紀頃の制作」で「中央の定朝《じょうちょう》様式」の忠実な模倣のあとがうかがえるという。

文化元年（一八〇四）二宮金次郎、のちの尊徳翁《そんとくおう》が十八歳の時である。この勝福寺で旅僧が「観音経《かんのんぎょう》」を訓読《くんどく》するのを聞いて深く感ずるところがあったという。尊徳翁はこのようにして若き日より「利他《りた》」に生きる崇高な精神を観世音菩薩から授けられたのである。本堂前に少年二宮金次郎の本尊礼拝の像が建てられている。

酒匂川を渡る手前に国府津があり、ここから勝福寺までの道を「巡礼街道」と呼んでいる。古地図を見ると相模国には「巡礼坂、巡礼峠、巡礼道《みち》」などの地名が多く、それだけに坂東札所巡礼が盛んであったことが知られる。『風土記稿』には「江戸より行程二十里、民戸八十一、多く観音門前に連住す」とあり、六軒の巡礼宿で、それぞれ巡礼は豆腐の石焼に舌鼓をうったことだろう。なお、ここの境内で名力士の雷電《らいでん》が土地の無法な力持ち岩五郎を投げとばした話は有名。境内の樹齢数百年といわれる大公孫樹は、遠くからでも寺の所在を知らせる目標となっている。

十二月十七、十八日の「ダルマ市」は、その歴史も古く永禄年間（一五五八〜一五七〇）からという。

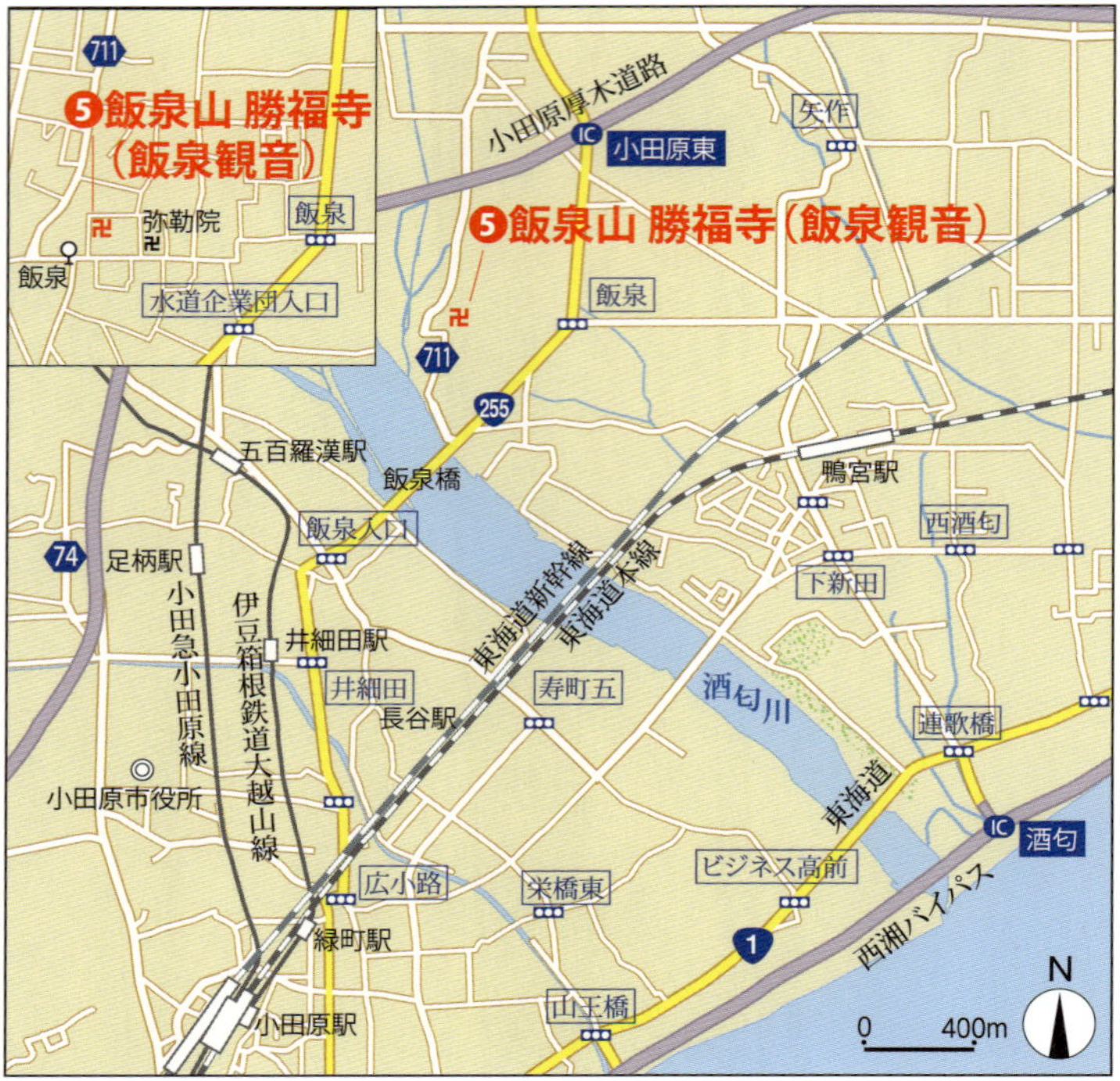

飯泉山 勝福寺

交通　電車：JR・小田急電鉄小田原駅から富士急湘南バスで新松田駅行、または下曽我駅行にて「飯泉観音前」下車、門前　車：小田原厚木道路の小田原東ICより国道255号に入り南下、鴨宮中学校入口の信号を右にセブンイレブンの交差点を左に道なりに県道711号を進むと門前に

駐車場　50台（無料）

拝観時間8:00 ～ 17:00 (4月～ 10月)
9:00 ～ 16:00 (11月～ 3月)

拝観料　無料

納経所　客殿

主な年中行事　1月1 ～ 3 日：初詣　元旦護摩　1月18日：初観音　8月9 日、10日：四万六千日　12月17日、18日：歳の市(ダルマ市)　12月31日：除夜の鐘

「和顔愛語」の心

勝福寺住職　峯　孝雅

ここ勝福寺は千二百年の歴史をもつ寺です。その間、栄枯盛衰はあったでしょうが、この寺は巡礼参拝の方々の外護を、たくさん受けてきたものと思います。

私もお寺でお参りを受けるだけでなく、いつか一遍、自分で巡礼に出てみたいという悲願が三年前に実り、檀信徒と一緒に坂東・西国・秩父百観音を巡礼して参りました。自分で巡礼をしてみてわかったことですが、それぞれのお寺さんを印象深く参拝するということは、一回ではなかなかできないものだ、ということでした。常日頃お寺でお参りを受けておりますと、二度三度はもちろん、何十遍もお出でになる方がいらっしゃいますが、さこそと思いあたった次第です。数ある札所の中でもいわゆる難所といわれる所は、お寺に着くまでが大変なので印象に残りますが、やはり一番深く心に残るのは、お参りをしたときのご住職や寺務の方々の「よくお参りです」という優しい言葉と、笑顔で迎えてくださる応接の態度でした。仏教には「和顔愛語《わげんあいご》」という言葉がありますが、これこそがお参りを受ける側の真の接待ではないか、と深く心に刻んで帰って参りました。以後、自坊に戻って自分自身に注意を促しております。ここは五番とはいいながら西から来られると坂東の第一印象のお寺ですので、坂東の顔として和顔愛語をもって巡礼に接する心としたいと念じております。

第6番　飯上山《はんじょうさん》　長谷寺《ちょうこくじ》（飯山観音）

高野山真言宗

神奈川県厚木市飯山5605　☎046・241・1635　〒243-0213

本尊：十一面観世音菩薩　開基：行基菩薩　創立：神亀二年（七二五）

御詠歌：飯山寺《いいやまでら》　建ちそめしより　つきせぬは　いりあいひびく　松風《まつかぜ》の音

行基・弘法二師の開基

厚木市街から約六キロ、丹沢から東へのびる尾根、海抜二八〇メートル余の白山《はくさん》の中腹に長谷寺は位置している。「飯山の観音さん」「縁結びの観音さま」として知られる衆生縁豊かな霊場である。『風土記稿』に「飯山寺と号し、長谷観音と唱ふ」とあり、前者の呼称は観応元年（一三五〇）の文書、後者は嘉吉二年（一四四二）の鐘銘によるとしている。

飯山白山森林公園の道標にみちびかれて小鮎川の清流を渡り、桜並木の一本道をたどると、建久年間（一一九〇～九九）源頼朝が秋田義景に命じて造営させた、やや小ぶりの仁王門に至る。これをくぐると天然記念物指定の槙《まき》の大木がそびえたち、右手の広い境内は桜並木でうまる。満開の頃は、花見客がこの観音さまのお膝もとで一日を清遊するという。さらに石段を踏むと嘉吉二年再建と伝える観音堂の前に出る。

嘉吉２年再建と伝わる観音堂

やや基本形をくずした斗栱《ときょう》などの組み物や十二支を素朴な彫りで飾った蟇又《かえるまた》など、まことに格調高い本堂である。寺伝によれば神亀二年（七二五）ここより四百メートルほど離れた地から清水が湧き、五色に輝いたので里民は怖れをなして近づかなかった。たまたま来錫の僧行基《ぎょうき》の鉄鉢《てっぱつ》を縁として、その泉の中から十一面観音が示現された。そこで行基は末世度生《まっせどしょう》の悲願をおこし、かたわらの楠《くす》の木をもって新たに三尺余の尊像を彫み、さきに感得《かんとく》したお像を胎内に納め、ここに霊刹を設けた。そして、のちに大同二年（八〇七）弘法大師が密宗の道場としたといわれている。ご本尊の出現された「彼の泉の流れを服するに諸病愈《いえ》ざる者なし」ともいう。

もう一つの縁起は、この地の領主飯山権太《ごんた》夫《ゆう》が旅僧に一夜の宿を布施したところ、そのお礼にと大和長谷寺の本尊と同材で造った観音像を賜わり、一宇を建立したのがこの寺の始まりであり、その旅僧こそ弘法大師であったという。

この二つの縁起は行基・弘法という優れた大徳と長谷寺信仰とを組み合わせたものであるが、大衆の期待を一身に集めた二高僧と霊験豊かな長谷観音さまの登場で、この寺は多くの人々の信心をより深めてきたのである。また、これらの説話は水神《すいしん》信仰に始まり、その山容が大和の初瀬「川上の聖地」にかようこと、そして十一世紀後半に各地に見られた開発領主たちの寺院建立の史実にもつながっていくものであろう。そして弘法大師の遊化《ゆうげ》

建久年間造営の山門

をいうことで真言宗の道場となる過程を物語っているといえよう。

名鐘の由来

鎌倉時代には四宗兼学《けんがく》の寺として栄え、鎌倉の覚園寺《かくおんじ》、金沢の称名寺《しょうみょうじ》と交流があった。すなわち弘仁二年（八一一）この寺の長老であった覚阿《かくあ》は、覚園寺開山の心慧《しんえ》や称名寺開山の審海《しんかい》と共に、相模国大山寺中興の願行《がんぎょう》の附法の弟子であったのである。本堂の右手前に、住僧が晨昏《しんこん》の例鳴を怠ったらその夜に鐘の行方が知れなくなり、のちに夢告によって地中より掘り出し得たという「飯山の隠《かく》れ鐘」の伝説をもつ梵鐘がある。『坂東霊場記』に「若し病者此の響を聞て至心に大悲者を持念すれば、病の愈《い》ゆること流れに物を洗ふ如し」とあるが、実に美しい余韻をもつ、関東の地ではじめて清原国光が鋳造した名鐘である。境内には「梵鐘の余韻若葉の峡渡る」の句碑がある。本堂裏に文化七年（一八一〇）「山上白山宮道、是より五丁」の石標があり、この寺に丹沢山塊一帯の修験の信仰があったことを示している。本堂内には「役《えん》の行者」のお像がまつられている。

飯上山 長谷寺
交通　電車：小田急小田原線本厚木駅より神奈川中央交通バス「上飯山」「上煤ヶ谷」「宮ヶ瀬」行で「飯山観音前」下車、徒歩10分　車：東名高速道路厚木ICから国道129号線を八王子・相模原方面へ約2キロ、厚木市立病院前の信号を左折し国道412号線を500メートル先の吾妻団地前の信号を左折して県道60号を経由して寺へ約30分
駐車場　あり（無料）
拝観　8:00 ～ 16:30

主な年中行事　除夜～元旦：初護摩供　1月1日～3日：本尊開扉　4月8日：大祭日本尊開扉　秋まつり11月3日：本尊開扉

桜並木と公園の開かれた寺

長谷寺住職　米山隆応

当山は丹沢近辺のハイキングコースになっていますので、巡礼の方々のほかにハイキングの人たちが多く訪ねて来られます。私が座っておりますと、特にそうした方から寺の来歴についてよくお尋ねを受けます。何かのご縁と思いますので、できるだけ説明して差しあげています。堂を一巡する形で第一番から三十三番までの観音像を並べ、順に参拝できるようにいたしましたが、中にはそれが機縁となって巡礼を発願される方もおいでのようです。

門前の桜並木はよく知られていて春にはお花見客で賑わいますが、もとは先代が炭でも焼こうかと裏山一帯に植えたのが始まりでした。子供たちが遠足に来たりいたしますので、境内地を広く公園として開放しておりますが、山門から内はみ仏にお仕えする場として厳しく区別し、名前入りのベンチ、屑篭、灰皿など一切置かず、禁止札なども建てておりません。お花見客もよく心得ていて、ついでのお参りもお酒の入る前に済まされるようです。

先生に連れられて遠足に来た子供たちが、境内地の公園で嬉々として無心に遊んでいるのを見ますと、いかにも平和なその風景が、観世音の宏大なご慈悲を目のあたりに見る思いで、このようにして本当によかったと思っております。

第7番　金目山《かなめざん》　光明寺《こうみょうじ》（金目観音）　天台宗

神奈川県平塚市南金目896　☎0463・58・0127　〒259-1201
本尊：聖観世音菩薩　開基：道儀上人　創立：大宝二年（七〇二）
御詠歌：なにごとも　いまはかなひの　観世音　二世《にせ》安楽《あんらく》と　たれか祈らむ

小磯の浜より示現

平塚から秦野《はだの》へ向かう中間地点に金目《かなめ》があり、その街道に沿って流れる金目川のほとりに金目観音の別当光明寺がある。この川が相模湾にそそぐ所、大磯町の小磯の浜で感得《かんとく》されたのがここのご本尊である。『光明寺縁起』には大宝二年（七〇二）潮汲《しおく》みの海女《あま》の桶によって示現されたとある。『坂東霊場記』は、海女ははじめ木片が桶に入ったので両三度捨てたが、また入るので不思議に思い、わが家に持ち帰った。そこへ一人の行脚《あんぎゃ》の僧が来て、これぞ聖徳太子御作の観音像であると告げて立ち去った。そこでわが家の奥に奉安したのがこの寺の草創であると記している。

これは仏教信仰流伝の経路をいう一つのパターンであり、この辺一帯には早くから高麗《こま》文化が及んでいたことを考えると、この縁起もうなずけるといえよう。「かなひの観音」と呼

平塚最古の建造物　観音堂

ばれるのは家内《かない》に祀ったのによるとか、所願みな叶《かな》うによるとか、俗称の由来は興味深いものがある。のちに道儀上人が一宇を建立、三十年後の天平年間（七二九〜四九）に僧行基が一・七メートルの観音像を彫み、その「胎内」に海浜出現の金像を納めた。

安産守護のご本尊

この故事により「お腹ごもりの観音」として喧伝《けんでん》され、源頼朝の夫人政子も実朝《さねとも》出産の折、祈願をこめた。もちろん、頼朝をはじめ将軍家相次いで帰依し、寺領を寄せて祈願所と定めたので、寺運はこの頃から大いにあがった。明応年間（一四九二〜一五〇一）の建立で、平塚最古の建造物、間口七間、奥行八間の観音堂。また本尊が納められている室町時代末期の様式である「一間厨子」（国の重文指定）とその屋根や欄間《らんま》の見事な造形は創建当初の姿を残しており、優作と評されている。お前立のご本尊も明応年間の彫刻であるという。

昔、お産は女性にとって大厄であった。全国に安産守護の仏、菩薩の多いことがこれを物語っているが、この金目の観音菩薩も政子の祈願以来、「安産守り」の授与をうける者がきわめて多い。

足利尊氏《たかうじ》の弟で鎌倉の宝戒寺第二世の惟賢《いけん》和尚が、この寺に住した頃、全国から天台の修行僧が来て学び、一大学林《がくりん》を成した。光明寺において空忍に灌頂《かんじょう》を授けたこの惟賢阿闍《あじゃ》梨《り》の頂相《ちんぞう》が宝戒寺にある。堂内の梵鐘は正平

金目川より山門

七年（一三五二）の在銘。作風は全体として繊細だが、よく南北朝期の特色を見せている。慶安二年（一六四九）将軍家光より朱印状を受け、約二千六百坪の境内を構えた。元禄年間（一六八八〜一七〇四）に慶賀《けいが》和尚が「彼の観音力を念ず。是に於て奇しきかな、百姓、石を担い土を運び、之を盛り之を度る……期せずして来る者雲の如し」（縁起）とあるように真俗一体の功業によって中興した。それ故に慶賀和尚を中興開山と仰いでいる。その復興の勧進帳が失火のため大半は灰と化したが、名簿の部分だけが残り「嗚呼、慈眼の照らす所なり、実に奇しきかな、之を以て光明寺今に至るも之を蔵し以て珍とす。太《はなは》だ異験あり、如《も》し患疫の人あり、来り之を拝すれば頓《にわ》かにいゆ」と「縁起」は綴っている。古刹が人を引きつけるのは、こういう先人の見るべき営みがそこにあったからであろう。勧進の尊さといえよう。しかし、明治初年には無住に等しい荒廃を示した。だが、現住の晋山《しんざん》をみて、今や元禄期の慶賀和尚をしのぐ復興ぶりを見せている。特に最近の解体修理によって往時の盛観がよみがえった。金目川の洪水から、また兵火から今日まで霊場を護り続けてきた里人の信仰と共に尊いことである。

金目山 光明寺

交通　JR平塚駅又は小田急線秦野駅から神奈川中央交通バスで金目駅下車、徒歩3分　車：小田原厚木道路平塚ICを右折、県道62号を通り観音橋入口の交差点を左にすぐ左側、約5分（1.5キロ）

駐車場　あり

拝観　8:00 ～ 17:00（夏）
8:30 ～ 16:30（冬）

主な年中行事　1月1日：元旦初詣護摩供　1月18日：初観音会護摩供　4月8日：大聖歓喜天大祭　8月9日：四万六千縁日　8月16日：盂蘭盆会施餓鬼供　8月18日：観音会　12月31日：除夜

光明寺住職　大久保良允

観音経の中には優れた名句がたくさんあって、そのどれにも引きつけられます。それらの中からただ一句だけあげるとすれば、「念彼観音力」しかないでしょう。常住坐臥―朝念観世音　暮念観世音―それだけで信仰は充分である、と信じています。

観音妙智力は、何にたとえようもなく、広大にして清浄、無量無辺の慈悲そのものの相《すがた》であることを観じながら、日々観世音に仕えられることを無上の喜びとして、深く感謝しています。当山ご本尊は海中出現の金像をお腹籠としたことから、源頼朝公政子夫人安産祈願の故事もあり、安産祈願の寺として広く知られてきました。

明応年間建立の観音本堂も、多くの方々のお力によって解体修理が完成し、平塚市最古の伽藍として参拝者も多く、観音信仰も次第に盛んになってきました。

多くの人々のさまざまな悩みを、その人と共に悩み、祈り、幾多の念願成就の喜びを、観音さまのご利益として喜び、感謝しながら、ますます「念彼観音力」の信仰を深めていきたい、と切に願っております。

第8番　妙法山《みょうほうざん》　星谷寺《しょうこくじ》　（星の谷観音）　真言宗

神奈川県座間市入谷3－3583－1　☎046・251・2266　〒252-0024
本尊：聖観世音菩薩　開基：行基菩薩　創立：天平年間
御詠歌：障《さわ》りなす　迷ひの雲を　ふき払ひ　月もろともに　拝《おが》む星《ほし》の谷《や》

法華経読誦の声

小田急線座間駅で下車、徒歩六分ほどで星谷寺に着く。『風土記稿』に「其地は山叡幽邃にして清泉せん湲たり、星影水中に映じ、暗夜も白昼の如なれば土人星谷と呼べり」とあるのは、現在地より少し離れた所、今そこには「本堂」の地名が残っている。寺伝によれば天平年間（七二九～四九）僧行基《ぎょうき》が来錫、「見不知森《みしらぬもり》」の中に法華経読誦の声を聞いた。よく見ると、それは古木の根洞《ねほら》におわす観音の声であった。このことを「かの法華経を読みたるは正しく此尊像にてましますかと、感涙墨染の袖を絞り、土人に対し件《くだん》の由を告げ玉へば、老若競い来たりて拝念し頻りに大悲殿を営構して、感得の霊像を安置し奉る」と『坂東霊場記』は記している。観世音の尊像が法華経を誦していたというこの奇瑞はまことに宗教的な発想であり、法華経流布につながる開創縁起といえよう。だからこそ山号を妙法山というの

聖観音像が祀られる本堂（観音堂）

であろう。

座間市一帯は古墳時代の遺跡が多く、早くから文化の開けた地域。観音信仰の伝来も容易に受け入れたものと思われる。それに星影が水中に留まるという自然の瑞相、一般に池泉の神秘によせる素朴な伝承は、寺院の開創にとって有力な条件であり、ここもそれらによって開かれたのである。

撞座一つの梵鐘

創建より数百年を経て鎌倉時代の兵乱に伽藍《がらん》の多くを失い、相模野の野火に観音堂を全焼するという悲運を迎えた。その時、本尊は火中より飛び出し給い、南の方六〇〇メートルほど離れた樹上に止り、光明を放たれたという。時の住僧理源《りげん》が「南方補陀落山《ふだらくさん》は大悲観世音の浄土なり、今や本尊南の方へ飛移り玉ふは度《ど》生有縁の地ならんと即ち其の地を占て殿堂を中興」（坂東霊場記）したのが今の霊域であるという。この話は信徒が本尊を火災から守って運《はこ》び移したことをいうのであって、そこにここの観音さまによせる在地の人々の深い帰依を知る。すなわち旧堂から南の地、今の場所に本堂が再建されたのである。のちに歴代北条氏の篤い保護をうけ、永正十六年（一五一九）箱根別当領目録には「十一貫五百文、ほしのや寺ぶん」とみえており、また徳川家康によって座間郷に寺領の寄進をうけてきた。

仁王門から境内に入ると右手に沙弥《しゃみ》西願《せいがん》によって嘉禄三年（一二二七）に勧進鋳造

撞き座一つの梵鐘（国指定重要文化財）と仁王像

された梵鐘をかけた鐘楼がある。「相州星谷寺、大檀那源朝臣信綱、大工源吉国」との銘がある。東日本最古の鐘であるが「撞座《しょうざ》が一つ」というのがめずらしい。平安時代の作風をとどめながらも、鎌倉期の形態をすでに完成しており、各部にせん細な特色をみせている名鐘といわれている。この鐘によって鎌倉期のこの寺の繁栄が偲ばれる。

この鐘と星の井・楠の化石・観音草・不断開花の桜・咲き分けの椿・根下り紅葉とを合わせて「七不思議」というが、乳房のように垂れた老木が今、本堂の中にあり、これに触れると乳の出が良くなるという「根下り紅葉」、これなど悲母観音の誓いに通ずるもので、庶民の願いの純粋さを物語っている。また「星の井」は夏になると井戸の内側に草が茂って、それを通す光が星のように水面に光るのだなどと分析せずに、観音さまの霊異と受け取りたい。不信の者には見えぬとか。

江戸から大山《おおやま》まで十八里、徒歩で二日がかり、享保年間に「大山講」が設けられ、宝暦年間には約二十万人の参詣を見たというが、その頃、この星ヵ谷寺も観音巡礼で大いに賑わったものと考えられる。観音さまのお加護《かご》で「旅」ができるというので民衆は喜んで札所を巡ったことである。

妙法山 星谷寺

交通　電車：小田急小田原線・座間駅下車、徒歩５分　車：圏央道厚木ICおり国道129号線を左に、金田の交差点を左に大和厚木バイパスを通り下今泉交差点を左に県道51号線経由8km、30分

駐車場　20台（無料）

納経時間 8:30 ～ 16:30 ()
(昼休み12:00 ～ 13:00)

拝観料　無料

主な年中行事　1月1日元旦護摩法要　4月18日観音例祭　8月10日施餓鬼供養法要　10月12日薬師如来例祭

幸せとやすらぎを与える

星谷寺前住職　三矢智光

巡拝は古く鎌倉時代に始まるといわれ、昔は順拝、順打ちといって順番どおりに巡って行くのがふつうでした。交通の発達した今日では、巡拝、逆打ちなどといって順番どおりでない巡り方が多くなりましたが、それは一向にかまわないのです。観音信仰は、いうなれば現在の幸福、生活の豊かさを与えてくれるものですが、際限なく与えてくれるわけではないのです。私達は日常生活を営む中で多くの悩みや苦しみを抱えています。仏教ではこの悩みや苦しみを貪瞋癡《とんじんち》、それを除くことを抜苦《ばっく》といい、観音さまは苦しみを除くため二求《にぐう》という二つの望み、願いごとを与えてくださいます。この二求は清浄欲《せいじょうよく》という願《がん》（願い）のことで、人の物を盗んでもよいなどという悪い欲望のことではありません。自分で願をかけると、即身成仏といってこの身のままで仏になる、つまり観音さまと自分が一体になれ、観音さまの作用が自分に出現するわけです。だからといって、願さえかけるとすぐに叶えられるというのではなく、信仰心を必要とします。観音信仰をすれば、その功徳により、幸せ、やすらぎが与えられるということです。

当寺は、相模の打止め寺として水子供養、安産祈願、商売繁昌、家内安全、就職祈願などの参詣者が数多く巡拝されています。千羽鶴をあげる人、般若心経をあげる人もおられ、そうした信仰のあつい人ほど、願いも叶い、やすらぎが与えられているのです。

第9番　都幾山《ときさん》　慈光寺《じこうじ》（慈光寺）　天台宗

埼玉県比企郡ときがわ町西平386　☎0493・67・0040　〒355-0364

本尊：十一面千手千眼観世音菩薩　開基：慈光老翁　創立：白鳳二年（六七三）

御詠歌：聞くからに　大慈大悲《だいじだいひ》の　慈光寺《じこうでら》　誓いも共に　深きいわどの

天台別院

平安時代の初期、清和天皇が慈光寺を勅願寺と定め、「天台別院一乗法華院」と称せしめたことは、鎌倉時代に栄朝《えいちょう》上人が願主となって鋳造奉納したこの寺の梵鐘銘に「天台別院慈光寺」とあることからも十分承知できる。また『風土記稿』に「昔は大伽藍にして、何《いずれ》の頃よりか台《たい》・密《みつ》・禅《ぜん》の三宗を兼学」すとあるから、鎌倉時代には関東の地に重きをなす寺院であったことが知られる。

それに弘長二年（一二六二）のものをはじめ九基を数える「板碑《いたび》」の伝存は、中世におけるこの寺の繁栄がいかに大きかったかを示している。鎌倉時代文化の一異彩であるこの寺の大板碑群、約七百年の風雪に堪えてきた姿は気高くさえある。

寺伝によれば天武の朝（六七三）慈光翁《じこう》が僧慈訓《じくん》に命じて千手観音像を彫ませ、本尊とし

慈光寺本堂

て祀ったのが、この寺の始まりである。現在は鎌倉時代の作といわれる千手観音像が、切れ目の長い慈眼で私たちを優しく迎えてくれる。子供を背負う如く一臂を背に向けておられるのが特色。

比企のゆるい兵陵地帯から山間部に入り、都幾川に沿って進むと、海抜三〇〇メートルの都幾山が姿を見せるが、ここを役《えん》ノ行者《ぎょうじゃ》が修験の道場としたとも伝え、平安時代作といわれる蔵《ざ》王権現《おうごんげん》がその流れを今に伝え、早くからの山岳寺院であったことが知られる。『慈光寺実録』

に「毎年四月十二日此三峯（鐘岳・堂平・笠山）を始め秩父山峯を苦行し、六月十八日富士山に登り、七ヶ日日夜苦行して慈光へ帰る」とあるように練行の基点であった。それだけに天台修験の高い格式を誇っていた。のちに鑑真《がんじん》和上の高弟道忠《どうちゅう》が丈六《じょうろく》の釈迦如来《しゃかにょらい》像を大講堂に安置、全山の堂宇を整えたことで慈光寺第一世におされている。さらに関東に足跡あまねき慈覚大師が密教の法門を伝えた。大師の植えられた多羅葉樹《たらようじゅ》は今に千百余年の樹齢を数えている。

文化財の宝庫

　貞観十三年（八七一）三月、上野《こうづけ》国の安部《あべ》小《お》水麿《みずまろ》が大般若経六百巻を納めたのは、この寺の歴史で特筆されるべきもの。現在は

慈光寺山門に続く階段の両側にサツキとシャガが植えられている

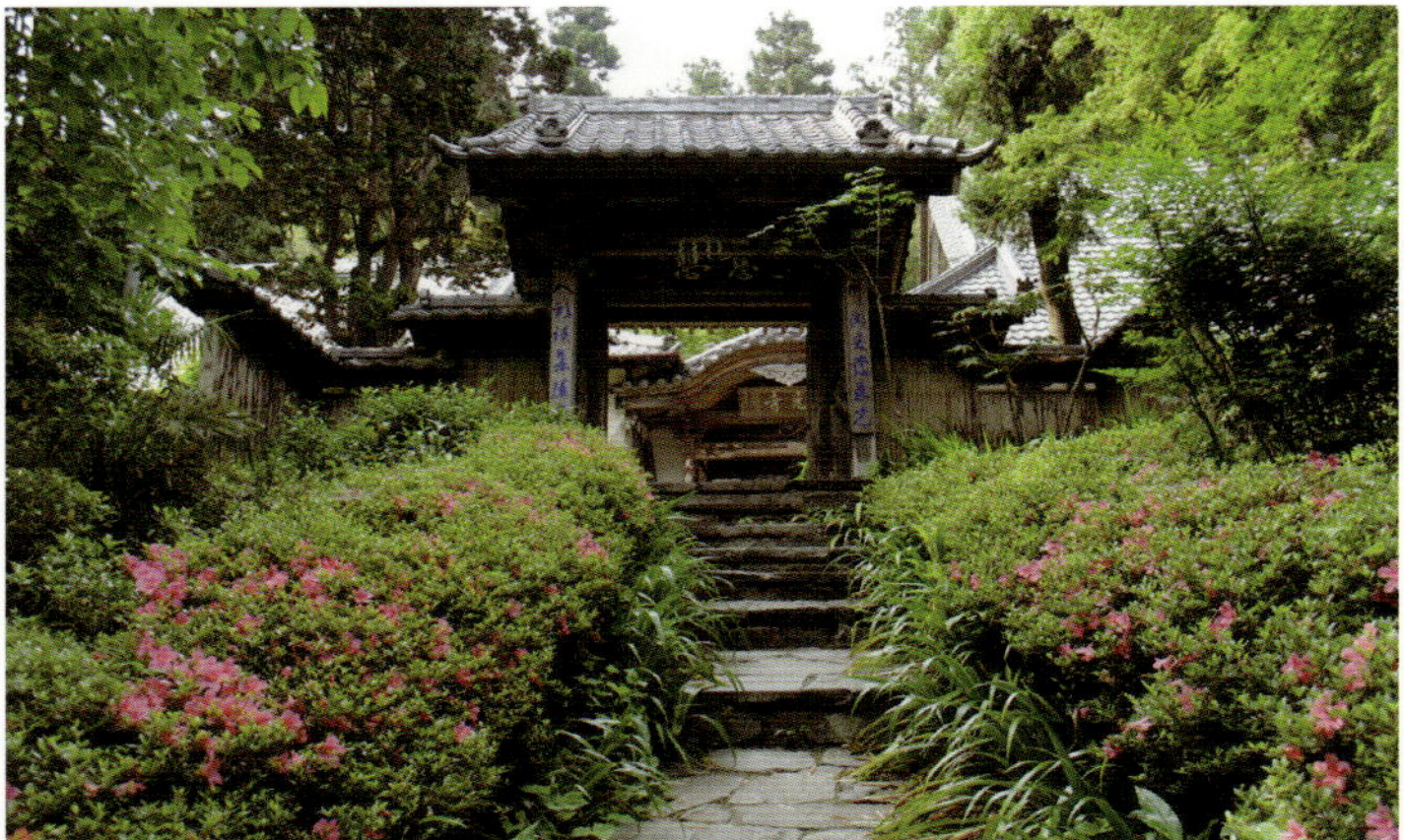

百五十二巻が伝存する。昔は希望する者があれば気前よく頒ち与えていたことや、特に経文の一字を切りとって患者に服用させると病気がなおるという信仰があったからであるという。経典の呪力によせる常民の切ない願いであったのだ。

小川町は和紙の産地であるが、この紙工業の発達は慈光寺の需要に由来するといい、明覚の近くの「番匠《ばんしょう》」という町も、当寺の建築の時に、全国から巨匠を集めて、その居住にあてた名残りという。

鎌倉時代には清和天皇を祖先として崇敬した源頼朝が、文治五年（一一八九）奥州藤原泰《やす》衡《ひら》征討のため愛染明王《あいぜんみょうおう》像を贈って住僧厳耀《げんよう》に祈願せしめ、寺領千二百町歩を寄せていることも見逃せない。建久三年（一一九二）後《ご》白河法皇尽《じん》七日忌のため幕府は武相の地より百僧を出仕させて法要を営んだが、この寺からは十人が加わった。大寺たることを示している。

また寛元三年（一二四五）物部重光《もののべしげみつ》鋳造の梵鐘、文永七年（一二七〇）後鳥羽《ごとば》天皇はじめ藤原兼実《かねざね》など三十二名が書写した国宝「装飾一品《いっぽん》法華経」（慈光寺伝）など、この寺は文化財の宝庫でもある。昭和六十年十一月放火により釈迦如来、蔵王権現像等を焼失したのは実に惜しいことであった。

都幾山 慈光寺

交通　電車：JR八高線明覚駅・越生駅から、東武越生線越生駅から、東武東上線武蔵嵐山駅からバス（ときがわ町路線バス）で「慈光寺入口」バス停から徒歩40分、又はときがわ町デマンドバス（要予約0493・65・5900）で「慈光寺」バス停から徒歩2分　車：関越道東松山IC又は嵐山小川ICから30分

駐車場　あり（無料）

拝観料　宝物殿大人300円、小人150円、25人以上団体割引あり

拝観時間　9:00 ～ 16:00　休館日なし

納経時間

8:00 ～ 17:00 (4月～ 11月)
9:00 ～ 16:00 (12月～ 3月)

主な年中行事　1月3日：元三大師護摩　4月17日（4月第2日曜日も）：本尊開扉護摩　5月3日：採燈大護摩火渡り　毎月第1日曜日：写経会　毎月第3日曜日：祈願会

お母さんの姿

慈光寺第百七代名誉住職　佐伯明了

「父母恩重経」というお経があります。そのお経にも説かれていますが、とにかく手のかかるのが赤ちゃんです。両親から受けついだ菩提心・生命力となる因と、身体を縁とする因縁によって結ばれ、両親あるいは祖父母が真剣になって、五体満足な子が授かりますようにと神仏に祈願して、やっと誕生。生まれてからは毎日、授乳や衣類・おむつの交換、夜中に泣き出したりすれば、どこか具合いが悪いのではないかと心配しながら、泣きやむまで抱いていてくれます。お母さんの手と目は、昼夜休むことなく、大切な役目を果たしています。三歳ぐらいまではこうしたことは母親の責任でしょうが、食事や排泄、さらに入浴時の衣類の着脱などは自分以外に頼めないものです。いつまでもお母さんが手をかけるのではなく、少しずつ自分でやっていくように教えていただきたいと思いますが、それはともかく、いつまでもわが子のことで喜怒哀楽を表情に表わし、たくさんのまなざしを向け、数多くの手を使ってくださる姿を象徴するのが、十一面千手千眼観世音菩薩です。

特に左手の中で一つだけ掌をうしろに向けている甘露手《かんろしゅ》がありますが、これは子供を背負うことを表わしているのです。そう思って、当山のご本尊のお相《すがた》を礼拝してください。この仏が、私を、そしてあなたを愛育してくださったお母さんなのです。

第10番　巌殿山《いわどのさん》　正法寺《しょうぼうじ》（岩殿観音）

真言宗智山派

埼玉県東松山市岩殿1229　☎・FAX 0493・34・4156　〒355-0065

本尊：千手観世音菩薩　開基：逸海上人　創立：養老二年（七一八）

御詠歌：後《のち》の世の　道《みち》を比企見《ひきみ》の　観世音　この世《よ》を共《とも》に　助《たす》け給《たま》へや

田村麻呂への霊験

東上線高坂駅から川越観光自動車の路線バスで約五分、やがて標高一三五メートルの物見山が前方にその姿を現わす。五月には「つつじ」、十一月には「もみじ」が全山をおおい、あざやかな彩りを見せる。物見山はその名の示すとおり、近傍きっての展望台であり、筑波・三国山・秩父の山々をはじめ武蔵野の広野が展望できる。その中腹に正法寺は位置している。

ここには「雪見峠」という地名があるが、その昔、比企の山中に悪龍が住み、村人たちに害を加えていた。たまたま奥州征討に向かう坂上田村麻呂《さかのうえのたむらまろ》将軍の一行が通りかかったので助けを求めた。そこで田村麻呂はこの岩殿山の観世音に冥助《めいじょ》を乞う祈願をこめたところ、時ならぬに大雪が降り、そのため山頂より一ヵ所だけ雪の消えている所を発見した（峠の名の由来）。これぞ目指す悪龍のいる所と定め、観音さま授けの矢を射って討ちとったというので

岩壁に囲まれて建つ観音堂

ある。

田村麻呂へのこの霊験が聞こえ、延暦十五年（七九六）宣旨があって堂宇が立派に整ったという。『岩殿山縁起』は、この伝承を重視し、多くの字数を費やしている。

さて、田村麻呂の祈願以前について寺史は、養老二年（七一八）沙門逸海《いっかい》が四十八峰、九十九谷といわれた岩殿山の山腹の崖を削り、千手観音像を岩窟に納めたのが草創であるといい、また、役《えん》ノ行者《ぎょうじゃ》によって開かれた修験の霊場であるとも伝えられている。「大東文化大学」でバスを下り、裏参道を行くことになるが、少し時間をかけてもこの寺は表参道から詣でたい。

山寺の法悦

正面の石段を上ると、愚禅和尚の筆になる「巌殿山」の扁額をかける仁王門、さらに登りつめると、岩壁に囲まれた五百坪ほどの境内に観音堂が建っている。その右手の鐘楼には松山合戦の折、兵の士気を鼓舞するため陣中を引きずったのでキズ跡を残す元享二年（一三二二）在銘の梵鐘がある。昔は六十六ヵ坊を擁し、関東に並びなき大伽藍を構えていたというが、今は堂塔の数は少ない。だが木立ちを吹き抜けてくる風がすがすがしく、巡礼者を山寺の法悦にひたらせてくれる。

　この寺の盛衰はまことに激しかったと記録にあるが、源頼朝の命により比企能員《ひきよしかず》が復興、能員が北條時政《ほうじょうときまさ》のために自害をせまられて死去、その嫡子《ちゃくし》時員《ときかず》は追手を逃がれて出家し、この寺を護った。のち室町時代には「袖をつ

本堂へと続く石段より仁王門と岩殿町の町並みを望む

き踵《くびす》をめぐらして現当二世の道をねがふ」（河越軍記）者が多く大いに栄えた。だが永禄十年（一五六七）松山城合戦の兵火で焼亡、一山の僧徒は悲境に離散。天正二年（一五七四）僧栄俊《えいしゅん》が中興した。

観音堂のまわりの岩壁

寛永年間及び明治十年に失火。現在のお堂は明治十二年高麗《こま》村から移築したもの。本尊は千手《せんじゅ》の坐像であり、相好端正なお姿は鎌倉初期の作風を伝える。万治二年（一六五九）水野石見守忠貞《いわみのかみただざだ》奉納の「明版一切経」慶長以前の記録「正法寺文書」は貴重な寺宝である。江戸時代末期の『山吹日記』に「仏殿に馬の古画の額をかゝげたり。寺僧の説に古法眼の筆なりと。昔はぬけ出て、夜な夜な麦をくひけるを、ある画師の筆をそへて撃ぎとめしより、出ることなくなりし」という「抜け絵馬《えま》」や、中山郷の天満宮の奉納相撲に、この村の人がいつも負けていたので、この寺の仁王尊に相手をたおしてもらったという「仁王の相撲」の話は面白い。

巌殿山 正法寺

交通　電車：東武鉄道東上線高坂駅から川越観光バス鳩山ニュータウン行きで大東文化大学下車、徒歩10分　車：関越自動車道東松山ICから「こども動物自然公園」「大東文化大学」を目標に約5分

駐車場　あり（無料）

拝観料　無料

納経時間　8:30 ～ 17:00（夏）
8:30 ～ 16:00（冬）

主な年中行事　1月1日～3日：初護摩修行　2月3日：節分会　4月15日：大般若経転読　6月第1日曜日：尻あぶり、柴燈護摩　12月31日：除夜の鐘

観音信仰とそのご利益

正法寺長老　中嶋政海

札所の三十三の数は、観音経の「三十三身示現」に因むもので、観音さまが、仏の身でありながら菩薩となって、広大な功徳をもって、一切衆生に接し給うことをいう。観音さまは、正しくは大慈大悲観世音菩薩といい、「世音を観ずる菩薩」の意で、南無観世音菩薩と救いを求める衆生の声を聞いて大慈悲の手をさしのべ、衆生を苦悩・危難から救済し給う菩薩である。その仏飯をいただいている毎日の生活に感謝している。

当山住職となって十年ほどたったある日、本堂裏と北の切りたった崖に生えている木々の枝を伐採、清掃していた時のことだった。三時の休憩を終え、立ち上って二、三歩進み出したその時、それまで座っていた場所めがけて三十センチぐらいの岩が三つばかり、がらがらと崖の上から転がり落ちてきたのだ。

一瞬、肝をつぶす思いがした。わずか数秒の差で生死を分けたのだ。慈悲深い観音さまのご利益に、合掌して深く頭を垂れずにはいられなかったことだ。

近年、観音霊場巡拝者がめっきりふえ、札所を護持する者としてたいへん喜ばしい限りである。

第11番　岩殿山《いわどのざん》　安楽寺《あんらくじ》（吉見観音）

真言宗智山派

埼玉県比企郡吉見町御所374　☎0493・54・2898　〒355-0151

本尊：聖観世音菩薩　開基：坂上田村麻呂　創立：大同元年（八〇六）

御詠歌：吉見《よしみ》よと　天《あま》の岩戸《いわと》を　押し開き　大慈大悲の　誓いたのもし

源範頼《のりより》ゆかりの寺

安楽寺は町の中心部から離れており、長い参道を行くと、老杉の梢越《こずえ》しに三重塔の九輪《くりん》が鋭く空にのびているのが見えてくる。かつては泉屋、山田屋、土瓶屋など巡礼者のための宿が、この辺にあったという。六月十八日の「厄除け朝観音」のご縁日には、午前二時頃からこの表参道を参拝者がたどる。朝早ければそれだけご利益が多いとされている。門前では「厄除け団子《だんご》」が売られている。これは昔、疫病が流行した時にタンゴをつくって観音さまへお供えし、難を逃れた故事によるものである。大きさも不揃い、味もまちまちであるのが面白い。

石標に「坂東十一番、蒲冠者《かばのかんじゃ》源範頼旧蹟」とあるのを見ながら石段を上ると仁王門、その奥正面に観音堂が樹林を背に建っている。寺の草創は僧行基《ぎょうき》が東国巡錫の折、ここを霊地と定め、聖観音像を刻み、岩窟に納めたというもので、岩窟寺院の一つである。のちに桓武天

寛文元年（1661）造営の七間四面の観音堂

皇の時、奥州征討の坂上田村麻呂《さかのうえのたむらまろ》が戦勝を祈願、七堂伽藍を建立した。関東東北の地に観音信仰普及の端緒を開いたのは、田村麻呂であったが、ここもその一霊場である。また天慶三年（九四〇）平将門《たいらのまさかど》叛乱の折、調伏《ちょうぶく》を命ぜられ、百院百壇を設けて修法、効験があったとも伝えている。ともかく平安朝期には関東で有数な寺となっていたことは疑いない。

なんといってもこの寺と縁の深いのは源範頼である。平治の乱のあと助命され、この寺の稚子僧となって育ったが、のちに領主となってからその折の報恩にと所領の半分を寄進し、三重塔、大講堂を建立した。惜しくも天文年間（一五三二〜五五）松山城の攻防戦で焼失してしまった。「吉見御所」の地名は範頼の子孫がここに根をおろし、吉見一族となったのによろう。

僧杲鏡の復興

天文年間の合戦で堂舎を失い、住僧は離散という衰運を迎えた。『縁起』はその有様を「八百年来聚《あつむ》る所の仏像、霊宝など須臾に灰燼となり」と嘆き記している。そののち下総国印旛郡出身の僧杲鏡《ごうきょう》が法華経読誦千日、別時《べつじ》念仏の行《ぎょう》を積み、復興に精進、近里の檀越《だんおつ》を勧進して五間四面の観音堂と現存朱塗りの見事な三重塔を再建した。

比企丘陵の一角にそびえ建つこの華麗な塔は、江戸初期の地方色豊かな建物として貴重なものである。昭和三十五年、解体修理を行い一層気品を加えた。県指定の文化財である。

高さ約24.3mの三重塔

さらに弟子の秀慶《しゅうけい》が七間四面の観音堂を寛文元年（一六六一）に完成。ついで元禄に仁王門力士像成り、宝永に地蔵尊、薬師、十二神将像の造立、享保に御拝欄干《ごはいらんかん》の擬宝《ぎぼ》珠《しゅ》荘厳、宝暦に宝篋《ほうきょう》印塔の建立など、江戸時代のこの寺の進展は目を見はるものがある。特に本堂前の寛政二年（一七九〇）鋳造の露座《ろざ》の阿弥陀《あみだ》如来《にょらい》は「吉見の大仏《だいぶつ》」として親しまれているが、なんといっても全体に穏健な和風の雰囲気をもつ塔が巡礼者の心をなごませてくれる。ここの本堂の外陣には江戸初期の西国・坂東・秩父の百観音を満願にした「奉納額《ほうのうがく》」が四十余枚もあり、巡礼史研究の大切な史料となっている。この「納札」はご本尊との永久的な結縁をねがって奉納されたものであるが、三百年の風雪にたえて、巡礼者の志願をよく今に伝えているものといえよう。なお、本堂内陣には左甚五郎作の「野あらしの虎」と呼ばれる欄間《らんま》がある。境内には「写し札所百観音堂」もある。文化十年（一八一三）法印妙心の発願になるものであるが、容易に巡礼の旅に出られなかった者には、大変有難い企てであったといえよう。

「吉見の大仏」として親しまれている阿弥陀如来

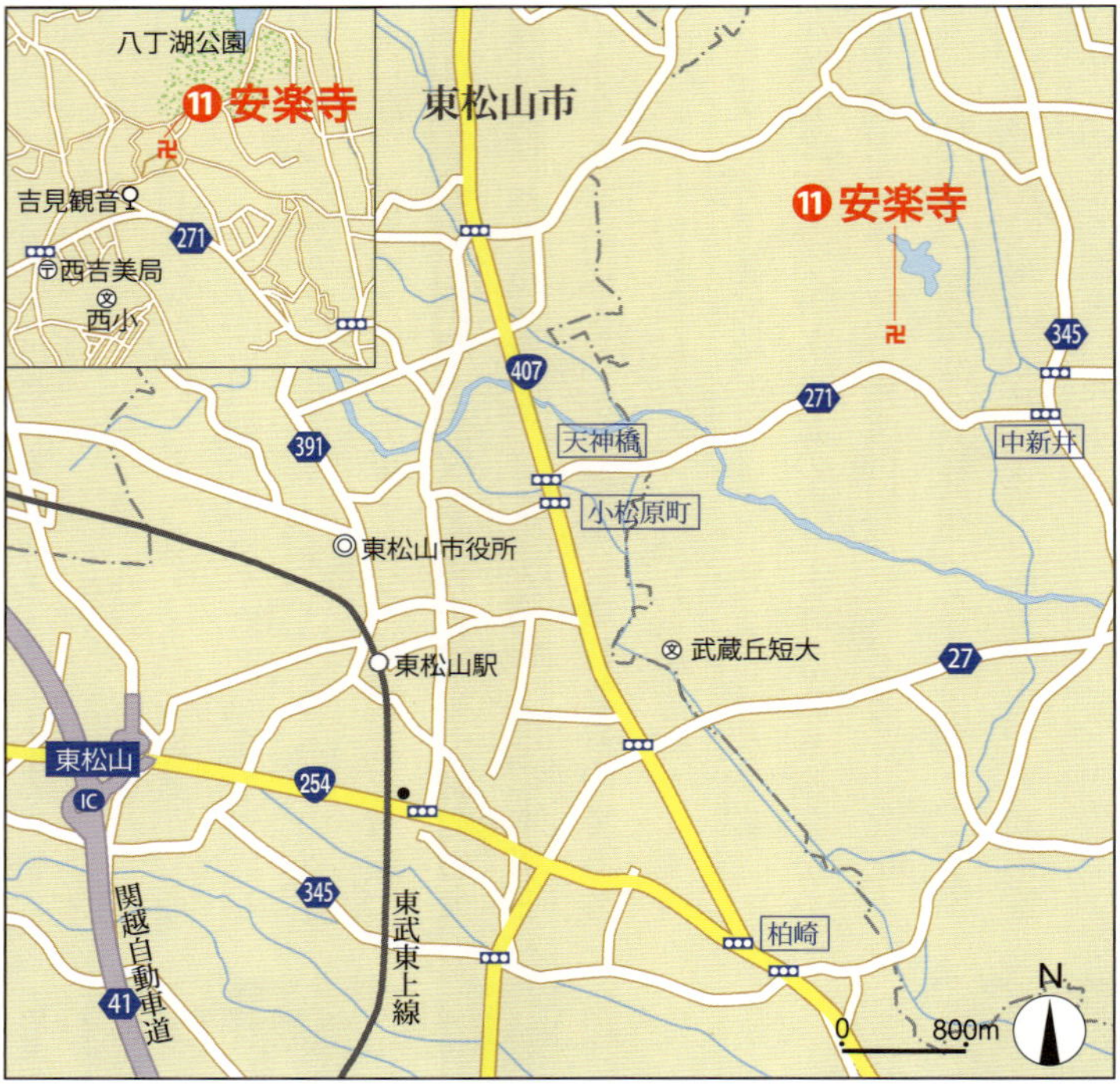

岩殿山 安楽寺

交通　電車：東武鉄道東上線東松山駅から川越観光バス鴻巣免許センター行きで「久保田」又は「久米田」下車、徒歩45分　東武鉄道東上線東松山駅からタクシーで10分　車：関越自動車道東松山ICから国道254号・407号経由約20分

駐車場　あり（無料）

拝観料　無料

納経時間　8:00～17:00（4月～10月）
9:00～16:00（11月～3月）

主な年中行事　1月1日：元旦会　2月3日：節分会　5月8日：花まつり　6月18日厄除朝観音　8月9日：四万六千日（千灯篭）　9月18日：施餓鬼会　12月：冬至星供養祭

貧者の福を得た霊験記

安楽寺住職　島本虔栄

元禄の中頃、細谷村の某氏当山の観世音に皈依《きえ》して月詣りを怠らず修行しておりましたが、事業が不如意で朝暮悩んでおりました。

ある時感慨して自分は過去に慳貪邪見にて布施行の善因を積まぬためこのような境遇にあるのではなかろうかと反省いたしました。そこで三ヵ年日参の願を立ていかなる風雪もいとわず毎夜登山精誠に祈念いたしました。

ようやく千日成満の夜、ご宝前に籠り、観音大悲の宝号を唱えておりましたが、暁の頃夢の中に須弥壇のうしろより香衣の老僧が出て、「お前の願い浄心なればこの摩尼珠《まにしゅ》を与える」と掌中へ黒色の玉を賜わりました。某氏は驚き、目が覚め掌を開き見ると棗《なつめ》大の黒色の玉がありました。これは観音さまが自分の願いを顧み福聚の宝珠を賜わったのであろうと喜び、住僧の教えに従って観音さまを造り、胎内に感得の宝珠を納め朝夕祈念しておりました。

その後家業は繁昌し、子孫も孝順の者ばかりにてますます繁栄されたといいます（坂東観音霊場記）。

第12番　華林山《かりんざん》 慈恩寺《じおんじ》（慈恩寺観音）　天台宗

埼玉県さいたま市岩槻区慈恩寺139　☎048・794・1354　〒339-0009

本尊：千手観世音菩薩　開基：慈覚大師　創立：天長元年（八二四）

御詠歌：慈恩寺へ　詣《まい》る我が身も　たのもしや　うかぶ夏島《げじま》を　見るにつけても

東叡山末の大寺

慈恩寺は人形づくりで知られる岩槻《いわつき》の町から五キロほど北の郊外にある。『風土記稿』に「慈恩寺、天台宗、東叡山の末、華林山最上院と号す。当寺古は本坊四十二坊、新坊二十四坊云々とあるにても、大寺たりしこと知らる」とあり、また現存の元禄七年（一六九四）の古図でも約十三万五千坪に及ぶ境内を構えていた。『風土記稿』は「慈恩寺は古蹟にして、しかも大刹なりしかば、その境内、山林、田畠のかかわる所は、いつとなく慈恩寺村と呼ならはせり」と誌《しる》している。しかも『坂東霊場記』は「近隣他境数里の境、貴賤道俗昼夜をわくなく歩を運び群集をなせり」とその繁栄ぶりを書きとめている。

だが文政十年（一八二七）焼失、天保十四年（一八三四）に至って深乗《しんじょう》上人の代に再建、昭和の大改修がなされて今日に及んでいるのが、現在の十三間四面の大本堂である。格天井《ごうてんじょう》

天保14年（1843）に再建された十四間四面の大本堂

の花鳥絵、天井の鳳凰の図、欄間《らんま》の天人の彫り物などこの大寺にふさわしく、みな立派なものである。

江戸時代には天正十九年（一五九一）徳川家康が寺領百石を寄せ、なかでも寛文十年（一六七〇）東照神君《とうしょうしんくん》の霊牌供養料二十八石を受けたことは特記すべきことである。そして文政年間（一八一八～三〇）から日光輪王寺法親王歴代の参籠所《さんろうしょ》となるなど、いかに由緒正しき寺であったかが知られる。

寺伝によれば天長年間（八二四～三四）慈覚《じかく》大師の草創という。大師が関東巡錫《じゅんしゃく》の折、日光山の頂から仏法弘通《ぐづう》の霊地あらば示し給えと「李《すもも》」の実を虚空に投ずると、この地に落ち華《はな》を咲かせたので、千手観音の尊像を自刻、一宇を建立して安置したのに始まると伝える。山号の由来である。この伝承は「異常成長譚」に属するもので、植物生成の説話は農耕に深い関係をもっており、この観音さまの示現が農耕民の希求に、その発想をもっていたと考えてよかろう。そして李の実に大きな除魔力を期待した地域開発の願望でもあった。のちにご本尊は焼失、現在は天海《てんかい》大僧正が寛永十一年（一六三四）に納められた本尊を祀る。夫婦の円満を祈る観音さまとして知られる。

本堂前に天正十八年（一五八九）伊達与兵衛尉房実が奉納した南部鉄の灯籠が古雅なたたずまいをみせている。

玄奘塔《げんじょうとう》のある寺

門前の駐車場から大本堂を望む

寺名は慈覚大師が入唐求法《にっとうぐほう》の時に修学した長安の大慈恩寺の風景に、この地が似ているのでつけられたという。これが縁となって現在では境内から東南三〇〇メートルの地に玄奘三蔵法師の「霊骨塔」が建てられている。玄奘三蔵法師が仏典を求めてインドへ旅立ったのは、西暦の六二七年、二十六歳の時であった。この旅の辛苦の有様をモデルにして書かれたのが、あの有名な孫悟空の登場する「西遊記」である。経・律・論の三蔵に精通した僧のことを三蔵法師という。

仏蹟を巡拝、多くの師に法を聞くこと十六年、玄奘は長安の大慈恩寺に帰り、六十三歳でその生涯を閉じるまでの間、専ら持ち帰った仏典の漢訳に従事されたのであった。昭和十七年、南京駐留の日本軍がたまたま土木作業中に玄奘三蔵法師のご霊骨を発掘し、南京政府に届け出た。そこで、その分骨が日本仏教会に贈られ、現在、ここの石造十三重の塔に納められているのである。境内から水田をはさんで高さ一五メートルの塔が望めるが、是非歩を運んで参拝したいものである。

坂東札所がこの十二番までは、その道順に何の無理もないが、浅草寺、弘明寺へと次第するのは、どうも鎌倉へ戻るようで肺に落ちない。順番にかまわず巡ってよいというのであろうか。

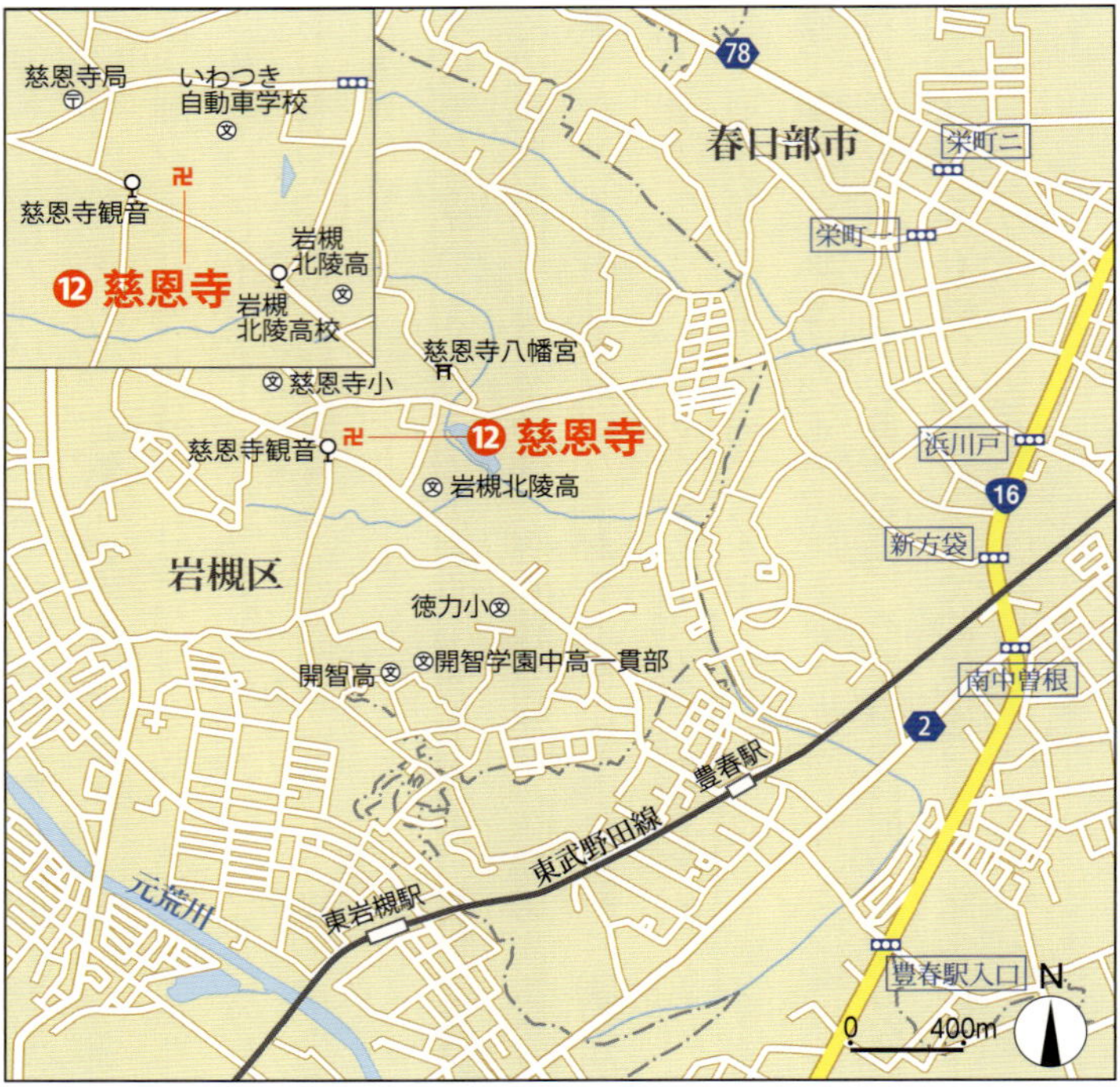

華林山 慈恩寺
交通　電車：東武鉄道野田線豊春駅から徒歩25分　車：東北自動車道岩槻ICから国道16号を春日部方面に向かい、豊春駅入口の交差点を左折して直進
駐車場　あり（無料）
拝観料　無料
納経時間　8:00～17:00（4月～10月）
8:30～16:30（11月～3月）
主な年中行事　1月1日～3日：初詣・正月大護摩供　2月5日：玄奘忌　4月8日：花まつり　5月5日：玄奘祭　8月9日・10日：四万六千日　11月16日～17日：秋大祭

観音さまのご功徳

慈恩寺前住職　大嶋見順

当山にお参りの方々には、案内と一緒に「十句観音経」をお頒《わか》ちいたしております。当山先代が癌の手術の折、十句観音経のおかげで九死に一生を得たことから、その功徳をみなさまにお頒ちしたいと考えてのことです。この観音経を、少しでもお役にたてば、と布施続けてくださっておられた中村余容先生も、観音経により救われ、書家として画家としてご活躍された方です。白隠禅師の霊験記をまつまでもなく、そのご功徳をいただいた方々の救われた喜びを多々うかがっております。

一心に念ずることにより観音さまと一体となり、観音さまのお心をわが身にいただいて、心にやすらぎと喜びが湧いてくるのは、すべてのとらわれから解き放たれることによるものでしょうか。

いずれにしても、喜びとやすらぎをお持ち帰りいただきたいものであります。

十句観音経

観世音　南無仏　与仏有因　与仏有縁　仏法僧縁
常楽我浄　朝念観世音　暮念観世音　念々従心起　念々不離心

第13番　金龍山《きんりゅうざん》　浅草寺《せんそうじ》（浅草観音）　聖観音宗

東京都台東区浅草2-3-1　☎03・3842・0181　〒111-0032
本尊：聖観世音菩薩　開基：土師中知・檜前浜成・檜前竹成　中興開山：慈覚大師
創立：推古天皇三十六年（六二八）
御詠歌：ふかきとが　今よりのちは　よもあらじ　つみ浅草《あさくさ》に　まいる身なれば

あさくさのかんのんさん

推古天皇三十六年（六二八）三月十八日、檜前浜成《ひのくまのはまなり》・竹成《たけなり》の兄弟が宮戸川（今の隅田川）で、その投網《とあみ》の中に聖観音像を感得、土師中知《はじのなかとも》と三人で祀ったのが浅草寺の草創という。檜前氏、土師氏は奈良時代の氏族で、東大寺大仏開眼供養式の楯伏舞《たてふしのまい》に共に関係しており、しかも土師氏の名を記した文字瓦が武蔵国分寺址から出ていることなどによって、この物語を記す『浅草寺縁起』は信憑度《しんぴょうど》が高いといわれている。

のちにこの三人を祀ったのが三社権現《さんじゃごんげん》（浅草神社）である。『武蔵野地名考』に「この地、観世音の霊場にて、おのずから聚落となり、荒蕪《こうぶ》をひらくること他より先だちたれば、浅草の名はおこりたり」とあるように、浅草寺を中心として浅草は開けたのである。江戸湾で生

本堂（観音堂）では、毎日多くの人が祈りを捧げる

活する名もなき漁民たちの守護仏、なんといっても寺の成り立ちがまことに庶民的である。だから今日まで約千三百九十年の間、観音さまと大衆とが深い縁によって結ばれ、民衆文化というものが観音さまのふところの中で自由自在に花開いたのも当然である。あさくさといえばかんのんさんといわれるほどに全国にその名が通っている。

さて、慈覚《じかく》大師がご来山「お前立《まえだ》ち」のご本尊を刻み安置されてから参拝者が増したと寺伝は語るが、鎌倉時代にあっては源頼朝が深く帰依し、八幡宮の造営に浅草から大工を召したことが『吾妻鏡』に記されているのは、浅草寺が当時相当な伽藍を構えていた証《あかし》である。正和二年（一三一三）頃に書かれた『とはずがたり』には「霊仏《れいぶつ》と申すもゆかしくて参る」とあり、霊名をはせていたことが知られる。なお、天文十四年（一五四五）の『東国紀行』には「角田川もみえわたる森のようなる木末《こずえ》あり、とへば関東順礼観音浅草といふ所となむ」とあり、札所としても知られていた。

江戸の繁栄と共に

江戸に幕府が開かれるや、それ以前十二ヵ坊を擁する大寺ではあったが、天海《てんかい》大僧正の進言で徳川家の祈願所となり、五百石を寄せられ、坂東無双の巨藍となった。『坂東霊場記』は「天正年中より堂社僧院湧くが如く起る」と、その隆昌を記し、『丙辰紀行《へいしんきこう》』には「男女の群集すること京の清水より多く見へける」と、その繁栄のさまを綴っている。だが寛永八

年間を通して、賑わいを見せる雷門

年（一六三一）同十九年（一六四二）に焼失。慶安二年（一六四九）将軍家光の代に観音堂、五重塔、仁王門、雷門が再建された。そして境内には数多くの末社を加え、庶民信仰で賑わい、『江戸繁昌記』には「人の賽詣《さいけい》すること未だ嘗て一刻の間も絶えざるなり」と書かれている。「江戸自慢十三番がこのくらい」という川柳は、坂東きっての大伽藍の浅草寺が第一番でないことへの江戸っ子達の不満であるが、坂東札所が江戸開府以前の創始であるので、いたしかたないことである。今日では日に数万、年間三千万人もの参拝者で賑わう。表参道の仲見世はいつも人が絶えない。

惜しくも太平洋戦争によって堂塔を失ったが、今日ではそのすべてを復興し、輪奐《りんかん》の美をなしている。幸いにも戦火をまぬがれた「伝法院」「二天門」は国指定重要文化財に、小堀遠州の作庭といわれる庭園は国の名勝に指定されている。

「大絵馬」は江戸時代の高い芸術の香りを今に残している。寺宝には国宝の「法華経」開結十巻。重文の「元版一切経」五千余巻などがある。

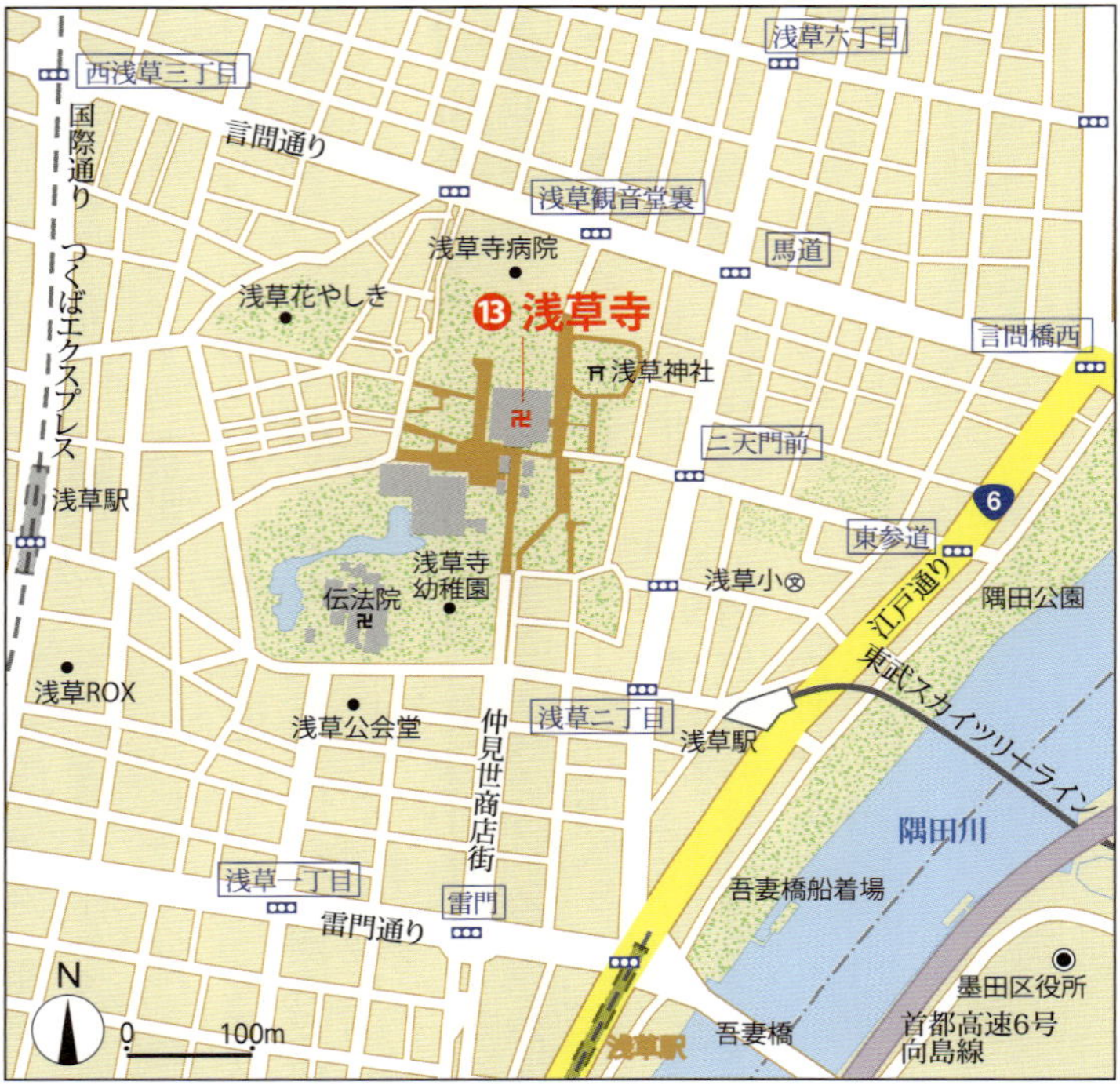

金龍山 浅草寺

交通 電車：東武スカイツリーライン：東京メトロ銀座線：つくばエクスプレス：都営地下鉄浅草線：浅草駅から徒歩5分 車：東北自動車道碇ヶ関ICから国道7号経由5km、10分

駐車場 近隣の駐車場利用

拝観料 無料

開堂時間 6:00 ～ 17:00（4月～ 9月）
6:30 ～ 17:00（10月～ 3月）

納経時間 8:00 ～ 17:00

主な年中行事 12月31日 ～ 1月6日：修正会 1月1日～ 7日新年大祈祷会 1月12日～ 18日：温座秘法陀羅尼会 3月18日：本尊示現会 7月9・10日：四万六千日（ほおずき市） 10月18日：菊供養会 10月29日：写経供養会 12月17・18・19日：羽子板市 毎月18日：観音ご縁日 毎月：お茶湯月参講 毎週土曜日：観音経読誦会 月例写経会 無畏参拝団 毎月仏教文化講座（丸の内マイプラザ

観音浄土

浅草寺中興第二十七世貫首　清水谷孝尚

ご本尊さまがご示現になられましてから千三百有余年になります。この間、数えきれないほど多くの人々が一心に祈りをこめて参られ、今日も全国からの参詣者で浅草寺は賑わっております。これは観音経に説く「一心に観音さまの御名《みな》を称《とな》えれば、たちどころに厄難《やくなん》から救ってくださる」という観音さまの有難いおはたらき、、、、、によせる信仰の表われでありましょう。

この観音信仰のわかりやすさと、当山の『縁起』に示される名もなき三人によるご示現という庶民性とが魅力となって、「あさくさのかんのんさん」としての親しみをもっていただける霊場となったものと思います。

観音さまは「慈悲《じひ》」をご本体とされる菩薩《ぼさつ》であります。いわゆる「己《おの》れを忘《わす》れ他《た》を利《り》する」お心の持ち主であられます。皆さんが観音さまを信仰なさいますと、もろもろの願いがかなうばかりではなく、この観音さまの慈悲のお心を自分のものとすることができるのです。

その時こそ皆さまは観音さまの化身《けしん》となられるのです。そうなれば、この世は観音浄土となります。なお一層のご信心をおすすめいたします。

第14番　瑞応山蓮華院《ずいおうざんれんげいん》　弘明寺《ぐみょうじ》（弘明寺観音）　高野山真言宗

神奈川県横浜市南区弘明寺町267　☎045・711・1231　〒232-0067
本尊：十一面観世音菩薩　開基：行基菩薩　創立：天平九年（七三七）
詠歌：ありがたや　ちかひの海を　かたむけて　そそぐめぐみに　さむるほのやみ

光慧上人の建立

『弘明寺縁起』に「其の境域……艮《うしとら》に臨めば滄波百丈を湛へ、坤《ひつじさる》を顧れば富士巍々として白雪皚々たり……真に是れ天下無双の勝境」とある景観は、今日求むべくもないが、弘明寺は九百四十年以前に造立されたご本尊と本堂とを擁する関東の古刹であることに変わりはない。京浜急行線弘明寺駅からも近く、また表参道は市営バス停「弘明寺」の角を曲ると一直線の商店街が仁王門まで続き、参拝者を容易に導いてくれる。竹一管造りの「竹の観音」を拝し、石段を上ると観音堂がある。寺伝によれば天平九年（七三七）僧行基《ぎょうき》がこの地で霊感を得て、十一面観音を刻んで一宇を建立したのが開創という。だが、光慧上人の事跡の方が、ここ瑞応山蓮華院弘明寺では濃い。

『坂東霊場記』に長暦年間（一〇三七〜四〇）武相の地に疫病が流行した時、光慧上人が

明和3年(1766)に再建された、内陣にチョウナ削りが残る本堂

秘法を修し、宝瓶《ほうびょう》から霊水を注いで民衆を救ったとある。この霊験を詠んだのが、この御詠歌である。

『風土記稿』には「今の堂は明和二年改め造りし所なり、其時古き堂の柱を除き去りしに、ほぞの内に寛徳元年申年と記しありしを、村民庄左衛門まさしく見たり」とあって、現在の観音堂の造られた年代が知られる。寛和元年（九八五）に中興開山と仰がれる光慧上人が建てた頃の、チョウナ削りは内陣にそのまま現在でも見られる。

「相模八ヵ所、浅草、弘明寺を納め、千葉寺へ赴く」と『坂東霊場記』にあるが、これは江戸時代には全く札所の順序を念頭におかなかったことを示すものであろう。この寺は古い頃、「求明寺」とも称していた。

鉈彫りの観音さま

　僧行基が一刀三礼のうちに刻み奉ったという「鉈《なた》彫《ぼ》り」の観音さま。実はその彫刻の形式からして平安末期のものといわれる。顔から足の先まで、丸ノミでシマ目のノミの跡をはっきり表わした尊像。この鉈《なた》彫りは十世紀から十一世紀にかけて関東地方に多く見られる仏像彫刻の一形式であるが、その中でも最も優れたものとして知られている。すばらしいご本尊さまである。

　像高一八〇センチ、欅の一木造りといわれてきたが、昭和三十九年、虫害防止のためよく調べると関東地方特産のカタ木の「ハルニレ」の木であることがわかった。まさに関東育ちの仏さまである。荒けずりで一見、粗野

書家佐々木玄竜の手になる「瑞応山」の扁額のかかる仁王門

に見えるが、赤外線写真で見ると唇に朱をさし、眉目や口ひげ、胸かざりの瓔珞《ようらく》などが墨書《がき》されており、愛らしささえたたえた十一面観音さまである。

昭和三十三年に防災安置堂が完成し、このご本尊が納められたのは、まことに慶賀に堪えない。このような近代的予防設備のない時代、信仰心だけによって護ってきた人々の信心がいまさらながら尊く感ぜられる。ぜひ内々陣に入って身近に拝していただきたい。

さて『吾妻鏡』によれば鎌倉時代は源家累代の祈願所として、現世安隠の利益を存分に武将たちに与えてきたようだ。源頼朝は僧行基を尊崇していたので、この寺を坂東札所の中に入れたとも考えられる。観音堂の左手に厄除大師と弘法大師が納められたと伝える聖天尊をまつるお堂がある。また仁王門前の文政元年の百番供養塔は貴重な「道しるべ」である。

仁王門の先には商店の並ぶ一直線の表参道が続く

瑞応山 蓮華院弘明寺

交通　電車：横浜ブルーライン弘明寺駅下車、徒歩5分　京急本線弘明寺駅下車、徒歩2分　車：保土ヶ谷バイパス・狩場ICより10分　首都高速狩場線・花之木IC、永川ICより10分

駐車場　あり

拝観料　無料

納経時間　8:00 ～ 17:00

主な年中行事　1月中：初詣・護摩行　2月3日：節分法会　4月8日：釈迦誕生花祭　7月8日～10日：十一面観音四万六千日開帳　11月中：七五三詣り　12月31日：終夜かがり火供養　毎月三の日：聖天秘密浴油祈祷　毎月八の日：観音護摩行

十一面観音が笑う!?

弘明寺住職　美松寛定

十一面観音を本尊と奉る寺院は全国各地に多く、当山本尊も、天平時代に行基が、鉈彫《なた》と呼ばれる方法で彫ったといわれる十一面観音である。

先日、わけがあって本尊さまを動かしていたら、普段はお目にかかることができないうしろのお顔とご対面させていただくことができた。

実はこのお顔、カンラ、カンラと笑っているのである。『十一面観音神呪経』という経典に、「当前の三面は、菩薩の面に作れ。左の廂の三面は当に瞋れる面に作るべし。右の廂の三面は、菩薩の面に似て狗牙を上に出せ。後に一面あり当に笑面に作るべし。其の頂上の面は当に仏の面に作るべし」

と書かれている。

つまり正面の三面は菩薩面、左三面は怒りの顔、右三面は牙を出し、頭の上に仏面をおき、そしてうしろの一面は邪心をおさえるために笑っているのである。機会があれば一度ご覧になってみてはいかがだろう。

第15番　白岩山《しらいわさん》 長谷寺《ちょうこくじ》（白岩観音）

金峯山修験本宗

群馬県高崎市白岩町448　☎027・343・0349　〒370-3332
本尊：十一面観世音菩薩　開基：行基菩薩　創立：天平九年（七一一）
御詠歌：誰《たれ》も皆《み》な　祈る心は　白岩《しらいわ》の　初瀬《はつせ》の誓《ちか》ひ　頼《たの》もしきかな

役ノ行者・僧行基の伝説

「背の高い美しい姿の像である。両眼《りょうめ》はやや伏目で、両瞼《まぶた》に墨線をいれ、瞳《ひとみ》には墨を点じ、唇は厚手で朱をさし、口もとに墨で髭《ひげ》をあらわし……面相は柔和なうちにも、素朴な野趣にあふれ……木彫像の古い作例で藤原期のもの」と久野健氏が紹介されているのが、白岩の観音さまとして親しまれている長谷寺の御本尊である。東国における平安文化の代表作といえる。

『坂東霊場記』には「白岩山長谷寺は役《えん》ノ優婆塞《うばそく》苦行の陳跡なり、十一面観自在の影向《ようごう》、不動明王湧出の霊崛なり。本尊大悲の像は行基大士《ぎょうきだいじ》他の除厄のために楊柳《やなぎ》の霊樹を以て彫刻し玉ふ」とあり、そして郷士の高崎氏が檀主となって観音堂を建立した。高崎氏は四十二歳の厄年を恐れていたが、ある時、一人の旅僧のために一夜の宿を供した。そのお礼にと旅僧

唐破風を持つ天正8年(1580)に再建された観音堂

は役ノ行者のゆかりの地に生えていた楊柳の木で、大和初瀬の十一面観音を模して尊像を造り与えてくれた。その旅僧こそ行基であったというのである。

役ノ行者ゆかりの地とは、行者が烏川の底から白い巨岩を運ばせて、ここに修行の場をつくったという伝説のことをいう。これは寺が開かれる場所の神聖さを示す「磐《いわ》坐《くら》信仰」から出たもので、この「岩」の存在が大和長谷寺の系列にこの寺を入らしめたものと思われる。

新長谷寺信仰

この寺には『長谷寺縁起』を少し簡略にし、仮名《かな》交《まじ》り文にした室町時代の『上野国群馬郡白岩長谷寺慈眼院縁起』一軸が伝存するが、これも両寺の密接なつながりを語るものといえよう。「文政十三年歳在庚寅春壬正月、修幀願主、木暮林右衛門義住、下田源八郎智宣」との奥書《おくがき》がある。

寺伝によれば延暦・大同（七八二〜八一〇）の頃に伝教大師、弘法大師も来錫し、文徳天皇（八五一）の御代、在原業平《ありわらのなりひら》が堂宇を修営したという。のちに源義家、新田義貞など武将の信仰もあつかった。

この長谷寺のある所を「白岩」といい、六ヵ坊の修験が修法していた。新田義貞の挙兵にあたって、この修験者たちが坂東八ヵ国に盛んに檄《げき》を伝えたという。また白岩に境を接する里見郷は新田義貞と共に滅亡した里見一族の本拠地であり、のちの楠正成《くすのきまさしげ》の家臣浜名左衛門義尊が遠江国演名邑より来たりて諸堂を改修し護っ

古色蒼然とした仁王門

た。現山主はその三十九代目にあたる。

天文元年（一五三二）上杉憲政が伽藍を整えてから日本三長谷の一つとなった。だが永禄六年（一五六三）武田信玄の箕輪城攻略の兵火で烏有《うゆう》に帰した。そこで武田勝頼が世無道《せむどう》上人に命じ、天正八年（一五八〇）再建させたのが現在の観音堂である。唐破風《からはふ》をもつ見事な建築である。本堂向拝に見る彩色をほどこした重厚な彫刻、狩野派の絵師牧守俊の画く天人奏楽の天井画など、まことにすばらしい。因みに「お前立ち本尊」は鎌倉前期の作。古蒼な仁王門は、この霊場にふさわしい。

明治の神仏分離の折、ご本尊は祖師堂に移されたが、三十六代山主の妻の「十一面観音さまを観音堂へ返して欲しい」と、当時の高崎郡役所に日参した熱心な嘆願でもとに戻ったという。尊い話である。やはり寺は在地の人たちの厚い信心によって護られていくものであることを、この話は教えている。

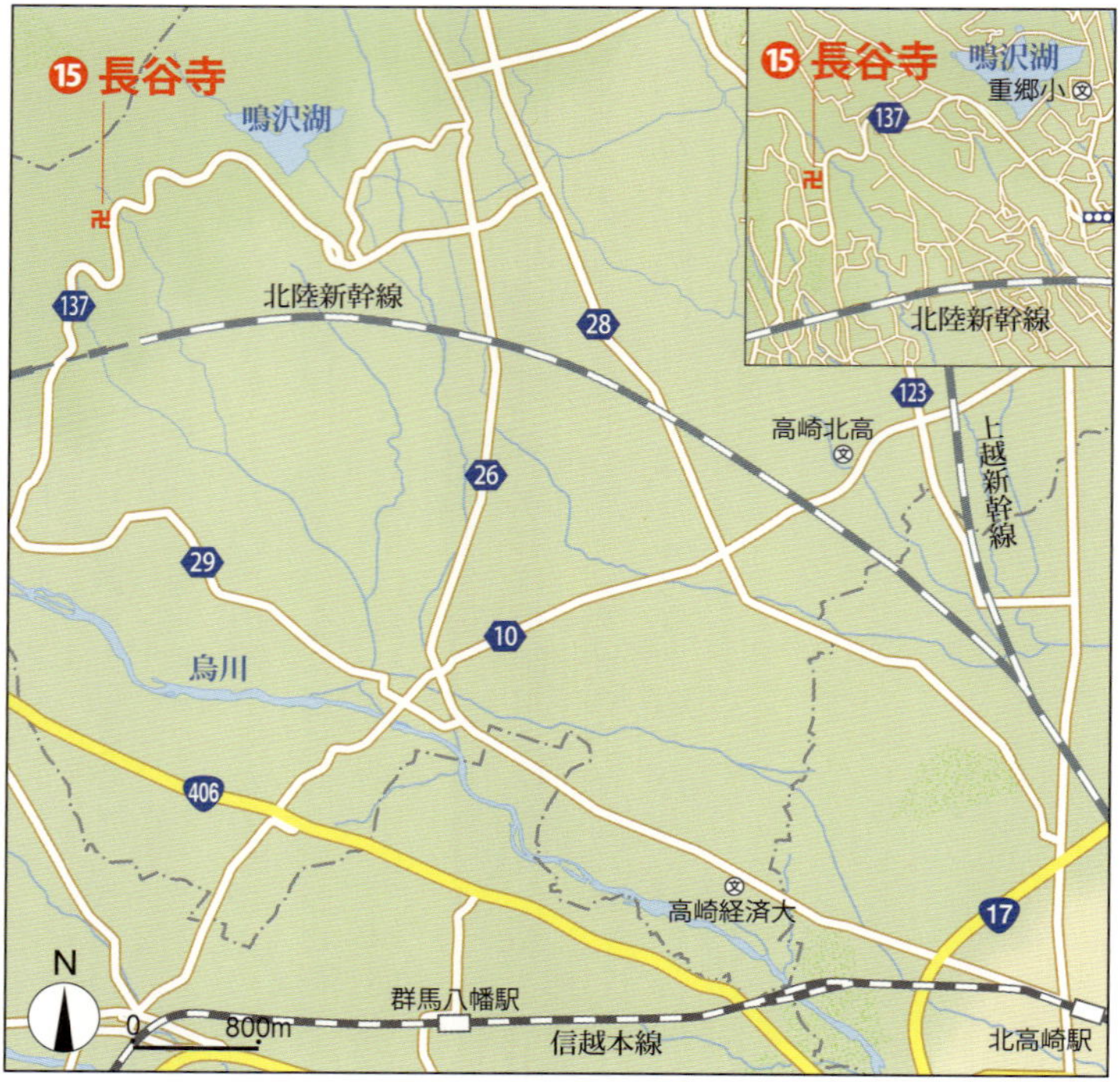

白岩山 長谷寺
交通　電車：JR高崎駅から群馬バス本郷経由室田・榛名湖行きで「ドドメキ」下車、徒歩35分　車：関越自動車道前橋ICから国道17号を左折東京方面に、上並榎の信号を右に県道29号線を通り、我峰町の信号を左折その先本郷町の信号を左折、ドドメキバス停の所の「白岩山観世音入口」の石碑を右折2キロ
駐車場　あり
拝観料　200円（本堂内）
納経時間　8:30 ～ 16:30

主な年中行事　1月：新春祈祷祭　2月：涅槃会　春分の日：春季彼岸会　4月：花祭　7月：祇園祭、盂蘭盆会　秋分の日：秋季彼岸会

観音さま

長谷寺住職　濱名豪仁

阿弥陀の具現か未来の仏、いずれにせよ現世を救い未来を約す有難きお方、一切の欲から離れ慈悲のみが満ちた観音さまは、たえず仏になるべく努力し苦しむ衆生を助け、仏の教えを信じさせながら苦の底から救ってくださいます。祈る人の心が誠であれば必ず智慧を与え力を貸し、利益、そして楽を与えてくれるのです。

食べ物を有難くいただく時、コップ一杯の水を感謝の心でいただく時、食べ物も水もみな観音さまなのです。家庭にあっては可愛い子供のために、一心不乱不動で働く母親の姿はまさに観音さまのお姿です。また、重症の患者が心から医者を信頼して見てもらうように。頼る者なら区別なく無限の愛情を注いでくださるのが観音さまです。

仏の教えは限られた人生を正しく全うすべく説かれた教えで、生活の中で目に見えぬわからぬところで肥《こやし》となり糧《かて》となっているのです。

観音さまは現世における衆生救済の菩薩なのです。

第16番　五徳山《ごとくさん》 水澤寺《みずさわでら》（水沢観音）　天台宗

群馬県渋川市伊香保町水沢214　☎0279・72・3619　〒377-0103

本尊：千手観世音菩薩　開基：恵灌僧正　創立：推古天皇の朝

御詠歌：たのみくる　心も清き　水沢の　深き願いを　うるぞうれしき

僧恵灌《えかん》の開創

水澤寺のすぐ下にはバス停が、右の高台には駐車場があり、参拝には便利な寺。宝暦十四年（一七六四）の「伊香保道の記」には「上野の国伊香保なる出湯あみんと思ひ立つ……山路に入りゆく限りなふ遥けき心地す……観世音菩薩立たまふ、関のこなたにては十阿まり六つの番《ついで》にあたらせたまふ御寺とぞ。御堂もこの頃営みはてしなどきらきらしう見ゆ」とあり、往時は困難な路を辿っての参拝であった。表参道の石段を上る所に水屋《みずや》があり、清冽な水が豊かに流れこんでいる。「五徳山」と水の徳を讃える山号の由来がわかる。そこから仰ぐ山門の偉容、そして歩一歩石階を踏むと、おのずから心がひきしまってくるが、これが山岳霊場のよさである。山門の仁王尊の背後には五風十雨を願う風雷神《ふうらいじん》が祀られており、いかにも上毛地方の寺という印象をうける。この門の左手に群馬生まれの詩人山村暮鳥の歌碑が建っ

線香の煙の絶えない本堂

ている。

約百段を登りつめると観音堂。南北朝時代成立の『神道集《しんどうしゅう》』によれば、金堂・講堂・常行堂・灌頂堂・経蔵・鐘楼・多宝塔・全山併せて仏像百八十体を祀る巨刹であったようだが、火災により焼失。そのつど再建を重ねて現在のお堂は、大永年間に仮堂を造り、元禄から天明（一六八八～一七八九）に至るまで年々改築を加えてきたものである。水沢山(浅間山一一九二メートル）を背にする朱塗りのお堂は実に見事である。

『縁起』には「推古天皇の朝に当り、上野の国司高光中将菩提《ぼだい》の所となさんがため、奏聞を経、御勅宣を以て高麗来朝の僧恵灌僧正を南都より請待し、開山別当と為し、伊香保御前御守持の千手観世音菩薩を安置し建立する寺なり」とある。そして「住僧多くして三十余坊に及び、上帝叡感有り勅額寺と定む。御宸毫の額、五徳山水澤寺を賜ふ」とある。

伊香保姫物語

ここのご本尊は伊香保姫を妬《ねた》んだ継母が姫を吾妻川に沈めようとした時、霊験を表わし救い給い、やがて高光中将に嫁いで幸せになったという物語の千手観音さまである。その梗概は履仲《りちゅう》天皇の頃、高野辺左大将家成という公卿が上野国へあることによって流されていたが、北の方との間に若君一人と姫君三人があった。若君は上洛して左小将に

内部に回転する地蔵尊を祀る六角堂

なり、姫たちはそれぞれ淵名の姫・赤城の御前・伊香保姫となって成長した。しかし、北の方が亡くなり家成が後添えを迎え一女を設け、家成は宣旨を受けて単身上洛するや、継母はこの三人の姫を殺そうと謀ったのであった。ところが伊香保姫を淵に沈めようとした時、「赤城山の峯より俄かに黒雲起り風雨烈しく雷電ひらめき鳴り、又河の中には数万のときの声おこり、兼光が一党是に驚き前後を亡じて逃退たり、斯る所へ異形の人出て来り、漫々たる大河をかちわたりし玉ふに、その渦まく流れ左右にひらき」姫は助かった。「雲中に声ありて日く、今仮りに人の形を現じて危き汝が命を助けたりしは、我れ汝に与えし守本尊なり」と、その霊験を『坂東霊場記』は語っている。いわゆる継子いじめ譚にむすびつけた観音利生《りしょう》の話である。中世以降のお伽草子《とぎぞうし》流行期に入ってから大いにもてはやされたものであり、水澤寺もその頃から有名な寺院になっていったのではなかろうか。この霊験が一般に共感を呼び、七難即滅、七福即生の「融通《ゆうずう》観音」としての霊名を高めていった。

本堂右手に元禄年間造立の六角輪堂があり、この六地蔵を廻して罪障消滅、後生善処《ごしょう》を祈る人が絶えない。「水沢うどん」は有名。半透明に光り、生イカを思わせる口あたり、まことに美味しい。これも観音さまからの授りものといえよう。

五徳山 水澤寺

交通　電車：JR高崎線高崎駅より群馬バス「伊香保温泉」行で「水澤観音」下車、又は上越線渋川駅より群馬バス「伊香保案内所」行で「水澤観音」下車　車：関越自動車道渋川伊香保ICから約12km、約20分

駐車場　大型30台、普通400台、二輪無制限（無料）

拝観　8:00 ～ 17:00

主な年中行事　1月1日：初詣　2月3日：節分会追儺式　5月8日：花まつり　12月31日：除夜の鐘

五徳のこころ

水澤寺住職　山本徳明

五徳山水澤寺は、推古天皇の祈願により創立以来千三百有余年、年中お参りの絶えない所です。山号、五徳山は、水の五つの徳をたたえたもので、五徳とは一、〃常に己れの進路を求めてやまざるは水なり〃居着いても止まることなく自分の進路に向かって進みなさい。二、〃自ら活動して他を動かすは水なり〃自分から進んで動きなさい。三、〃障害に逢ってその勢力を倍加するのは水なり〃障害にぶつかればぶつかった時以上の力をつけて進みなさい。四、〃自ら潔くして他の汚濁を洗い而して、清濁併せいるは水なり〃怠けないで悪い人も良い人も一緒に連れて行きなさい。五、〃洋々として大海を充し、発しては雲となり雨と変じ凍っては玲瓏たる氷雪と化して、其の性を失わざるは水なり〃長年連れ添った妻を今になってイヤになったということはしてはいけない、の五つで、一切の生命を生かそうとする観音さまのお心から出てきたものです。私は「如何なる国、如何なる所でも一刹那として観世音の光の中にあって世間をみて、目にみえる物、心の感じるもの一つ一つを生かそうと努力する」気持ちが強く、ご本尊をお参りせず去ろうとする人を大声で叱りとばしたことがあります。

観音さまはいわば自然の声ですから自然にお参りしてほしい。心の向くまま、どんなことでもよい、熱心におがめばよいのです。

第17番　出流山《いづるさん》　満願寺《まんがんじ》（出流《いずる》観音）

真言宗智山派別格本山

栃木県栃木市出流町288　☎0282・31・1717　〒328-0206

本尊：千手観世音菩薩　開基：勝道上人　創立：天平神護元年（七六五）

御詠歌：ふるさとを　はるばるここに　たちいづる　わがゆくすえは　いづくなるらん

奥の院霊窟の神秘

ＪＲの栃木駅から出流行きバスで六十分、享保二十年（一七三五）建立という雄大な構えの山門前に達する。輪王寺守覚《しゅかく》法親王御染筆の「出流山《いづるさん》」の扁額がかかげられている。途中、石灰の産地鍋山あたりから山峡に入った感を深くする。それもそのはず、千二百年前からこの標高三六〇メートルの出流山は勝道《しょうどう》上人ご修行の場であり、のちには山伏《やまぶし》練行の所であるからだ。自然に造形された岩窟の神秘をよりどころとして寺院が開かれる例は、わが国には多い。満願寺の開創も、現在奥の院と呼ばれている霊窟によっている。鐘乳石《しょうにゅうせき》のあらわす容態《すがた》を十一面観音と崇めたのが始まりである。

『坂東霊場記』には「殊勝の体相凡舌に演《の》べがたし、巡礼の輩これを拝見して、感涙袖《そで》を絞《しぼ》らざる者なし」と記してある。当山の奥、剣ヶ峰の中腹に七つの霊窟（鐘乳洞）があり、

日本三御堂の一つとされる満願寺大御堂

特に観音霊窟は奥の院と呼ばれる。その中に拝される「西方弥陀《みだ》の浄土に向かわせられる、一切衆生済度《さいど》のため御看経《かんきん》みうしろの御姿」といわれる十一面観世音のご尊体は、高さ三メートル余の鐘乳石で、全く自然に造形されたもので、それだけ信徒の随《ずい》喜《き》やまざるところである。鐘乳石や石筍《せきじゅん》の成長は百年にわずか数ミリというから、開山当時とそのお姿はさほど変わっていないことになる。文字どおり千古の霊窟である。

うっそうと茂る木立ちを仰ぎながら奥の院に向かうと、見事な舞台造りの礼堂《らいどう》に行き着く。お堂の前には落下六メートルの大悲の滝、ここで行者《ぎょうじゃ》が垢離《こり》を行う。かつて修験者たちは二十一日間、この滝に打たれなくては日光山への入峰《にゅうぶ》は許されなかったという。この奥の院をはさんで大日《だいにち》と大師の霊窟があり、これを巡るのを「出流山厄除《やくよ》け三山めぐり」と呼んでいる。境内に「三山切手所《きってしょ》」という碑があるが、これは三つの籠《こも》り場に入るのに「切手」を必要としたことを示している。

勝道上人のご出生

この寺の開山勝道上人は、下野芳賀の人である。父の国司《こくし》であった若田氏高藤介《わかたうじたかふじのすけ》という方の奥方が子宝に恵まれなかったのを嘆かれ、この奥の院に参籠《さんろう》して観音さまを祈り、授かったのが勝道上人である。いわば上人は観音さまの申し子であられた。この故事により、現在も「子授け安産」の観音として参詣者が多い。

享保20年（1735）建立の山門

上人はこの尊像に深く帰依され、二十歳にして、この霊窟で三ヵ年修行、やがて男体山の登拝、そして日光山を開創されたのである。のちに弘法大師が勝道上人の遺跡を訪ねて来山され、この岩窟への参詣だけでは難儀であろうと千手観音像を刻み、安置され「千手院《せんじゅいん》」と称えたのが、今の満願寺である。

応永年間（一三九四～一四二八）足利義満が寄進したお堂は焼失、のち明和元年（一七六四）に住僧道杲《どうごう》によって再建されたのが八間四面の今の大御《おおみ》堂《どう》。唐破風《からはふ》を有する向拝《ごはい》の壮麗さ、龍頭の尾棰木《おだるき》など江戸時代の特色をみせている。三代将軍家光公の特別な保護の余韻といえよう。

七万坪に及ぶ境内には、かつては福性院はじめ八ヵ院があり、真言宗智山派の談林《だんりん》であり、現在も若い修行僧が多く学んでいる。近代建築による立派な信徒会館がある。

ユニークな造りの鐘楼

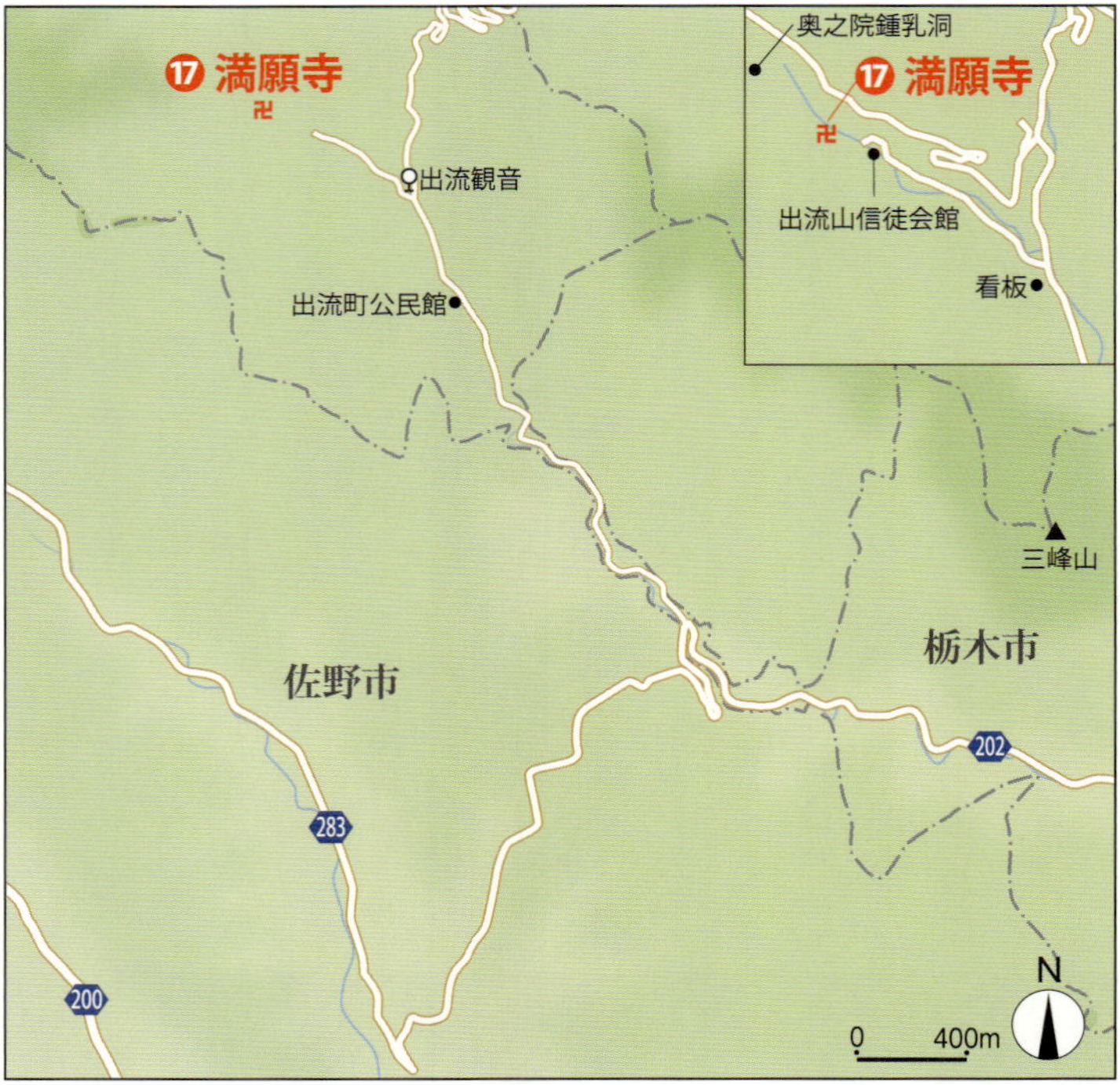

出流山 満願寺

交通　電車：JR両毛線・東武鉄道日光線栃木駅から栃木ふれあいバス出流観音行で60分終点下車、徒歩5分
　車：東北自動車道栃木ICから県道32号・202号経由押山商店を左折、33分、北関東自動車道佐野田沼ICから県道16号・葛生バイパス国道293号・正雲寺バイパス県道200号・202号T字路を左折、押山商店を左折、39分

拝観　境内8:00 ～ 17:00
奥之院（4月～ 9月）8:00 ～ 16:00
（10月～ 3月）8:00 ～ 15:00

奥之院入山料　大人　300円
　小人　200円

主な年中行事　1月元旦～ 7日：新春大護摩供　旧暦の元旦の日：奥之院滝開き・大護摩供　4月21日：開山勝道上人御影供・大祭　10月第2日曜日：出流弁天ご縁日　毎月17日：本尊千手観世音ご縁日

観音さまと護摩祈祷の寺

出流山住職　竹村智優

出流山では、ご信者のみなさまのお願いごとが成就するように、毎日ご宝前で護摩祈祷が行われております。当山のご本尊千手観世音菩薩は、観音経の言葉どおり私たちの願いを即時にかなえて霊験ますますあらたかであります。

護摩祈祷とは、私たちのさまざまな願いごとを観音さまの智慧の火によって浄めて成就させる法要であります。私たちが生きている現実は、悟りも迷いも、間違いも入りまじっているわけです。私たちの願いごとも、身勝手で迷いも間違いもまじっているかも知れません。それを全部洗いざらい観音さまにぶつけて一心に祈願すると、私たちの迷いや間違いが洗い浄められて、自分自身の本当の願いが何であるか明確になり、その願いが実現できるという弘法大師の秘法が護摩祈祷であります。

もちろん、ご信者のみなさまにも、一緒に観音経を唱和していただけば、山深い本堂に響くお経の声はみなさまの心に深くしみ入って、観音さまの妙智力はみなさまのものになるに違いありません。

第18番 日光山《にっこうさん》 中禅寺《ちゅうぜんじ》（立木観音） 天台宗

栃木県日光市中宮祠2578 ☎0288・55・0013 〒321-1661
本尊：十一面千手観世音菩薩 開基：勝道上人 創立：延暦三年（七八四）
御詠歌：中禅寺 のぼりて拝む みずうみの うたの浜路《はまじ》に たつは白波《しらなみ》

補陀洛浄土《ふだらくじょうど》

日光という地名は二荒から出ており、二荒山とは男体山のことである。二荒はフタラと読み、音読でニコウ、これに日光の文字をあてたもの。さて、このフタラ山こそ観音の浄土補陀洛山なのである。この寺の開基 勝道《しょうどう》上人は幼児から出塵《しゅつじん》の志を起こし、天平勝宝六年（七五四）二十歳で出家、出流山の霊窟に参籠し、深く観音に帰依された。そして観音浄土への強いあこがれから、やがて男体山を開くに至った。

すなわち、二十七歳の天平神護二年（七六六）に日光の地に四本龍寺を建てた（これがのちに満願寺、光明院、そして今の輪王寺となった）。それから十五年を要し、ついに延暦元年（七八二）前人未踏の男体山の頂上を道珍《どうちん》・勝尊《しょうそん》などの弟子らと共にきわめられたのである。その様子は弘法大師の「沙門《しゃもん》勝道、山水を歴《へ》、玄珠《げんじゅ》を瑩《みが》くの碑」に詳しい。

立木千手観世音菩薩が安置される観音堂

立木の観音像

延暦三年（七八四）の春、小舟で上人が中禅寺湖を周遊された折、湖上に千手観音の尊容を感見され、桂《かつら》の巨木を選んで立木《たちき》のまま刻まれたのが中禅寺の本尊「立木千手観世音菩薩」（重文指定）である。その六メートル余の尊像は、日光山最古のもので、伏目《ふしめ》の柔らかな表情、関東造りの素朴さが印象的である。

男体山霊を祀った中宮祠《ちゅうぐうし》のもとの名は、補陀洛山中禅寺であり、その境内に本寺《ほんじ》観音堂が建てられ、そこに奉安されていた。脇侍《わきじ》には奥羽征討の時に源頼朝が寄進した四天王像が祀られているが、荒彫りに近い雄渾《ゆうこん》な姿は時代をよく反映している。

中禅寺湖は海抜一、二六九メートルの高地にあり、それまでに馬返《うまがえ》し、いろは坂、華厳《けごん》の滝《たき》などを過ぎるのであるが、今ではドライブウェイで一気に湖畔に着く。この霊場は女《にょ》人禁制《にんきんせい》であったので、女性はいろは坂の途中にあった「女人堂」からご本尊を遥拝したものである。

日光山は神仏習合の霊地であったが、明治初期の神仏分離令によって、その様相を変えてしまった。また、明治三十五年の山津波により観音堂が湖畔に押し流されたが、ご本尊は少しの損傷もなく湖上に浮かび、現在の歌ヶ浜観音堂に奉安し、今日に及んでいる。

紺碧《こんぺき》の湖に美しい朱の彩《いろど》りを添えて建つ中禅寺大悲閣、また五大堂は坂東札所の中で最も美しい殿堂。五大堂の天井画「瑞祥龍」は

五大堂から立木大悲閣、中禅寺湖を望む

境内から

堅山南風画伯の筆、格天井の「日光花づくし」の絵は院展同人二十四人の筆になる。ここからの山と湖の四季折々の眺めは、まさに絶景である。勝道上人の修法に感じて天人が舞い降り、歌詠賛嘆したというこの浜は、日光修験が入峰《にゅうぶ》の護摩《ごま》を修した聖地でもある。

映画「愛染《あいぜん》かつら」のロケで有名な愛染堂、また開運、足止、安産で御霊験あらたかな波《は》之利《しり》大黒天堂があり、湖畔の周囲には薬師堂のある八丁出島、開山勝道上人の首骨を埋葬した「上野島《こうづけじま》」、千手観音を祀る千手ヵ浜などの聖域が広く点在している。「立木観音講」は毎年六月十八日、盛大な法要を執行する。なお湖上に船をうかべ上人の巡拝された跡を偲ぶ「船禅頂《ふなぜんじょう》」は八月四日である。ここは輪王寺の「別院」。

日光山 中禅寺

交通　電車：JR日光駅・東武日光駅から東武バス湯元温泉行きで立木観音入口下車、徒歩15分　青森駅からタクシー25分　浅虫温泉駅からタクシー15分　車：日光宇都宮道路清滝ICから国道120号（清滝バイパス）、いろは坂（日本ロマンチック街道）を上り立木観音入口の信号を左に

拝観　(4月～10月) 8:00～17:00
(11月　　　) 8:00～16:00
(12月～2月) 8:00～15:30
(3月　　　) 8:00～16:00
拝観受付はいずれも30分前で終了

拝観料　大人　500円
小中学生　200円

主な年中行事　除夜～正月：修正会　6月18日：中禅寺観音講法要　8月4日：船禅頂法要

観音さまのお声

輪王寺前門主　鈴木常俊

ある夏の日、七十歳前後のおじいさんが、中学生ぐらいの孫をつれて、ご本尊立木観音さまの前で、一心に観音経を読誦している。その姿があまりに真剣なので、後刻声をかけてみると、実は、と言いながら次のようなことを話してくださった。

私は若い頃、経済的な悩みごとで人生に失望、死ぬつもりで華厳の滝まで来たが、この世の最後にと思い立木観音さまをお参りしたところ、「死んではいけない。頑張りなさい」という観音さまのお声が聞こえてきたのです。

観音さまのお言葉で死ぬのを思い留まり、それからは一生懸命働いてきました。おかげさまで今日の私があるのです。年に一度必ず参拝お礼を申し上げているのですが、おそらくほかにも私のような人がいると思いますよ、とのことであった。

観音さまをお参りしたため、華厳病から救われている人が何人もいるということは本当に有難いことです。

南無大慈大悲観世音菩薩

第19番 天開山《てんかいさん》 大谷寺《おおやじ》（大谷観音《おおやかんのん》） 天台宗

栃木県宇都宮市大谷町1198 ☎028・652・0128 〒321-0345
本尊：千手観世音菩薩 開基：弘法大師 創立：弘仁元年（八一〇）
御詠歌：名を聞くも めぐみ大谷《おおや》の 観世音 みちびきたまへ 知るも知らぬも

毒蛇調伏《ちょうぶく》を縁として

天平年間（七二九〜七四九）には、すでに下野の薬師寺、国分寺の礎石にその使用例がみられるという歴史の古い大谷《おおや》石の産地、宇部宮大谷にこの寺はあり、ご本尊も大谷石で造られている。寺伝によれば弘仁元年（八一〇）弘法大師が自らこの千手観音像を刻まれ、開基となられたという。『坂東霊場記』は「昔此中に毒蛇住て時々毒水を流し出せり……地獄谷と申せしが」湯殿山《ゆどのさん》の行者《ぎょうじゃ》三人来りて修法、千手像を造って住民の苦難を救ったのに始まると記している。毒蛇調伏を縁とした遊行《ゆぎょう》的な山伏と奇岩によせる素朴な部落信仰とがむすびつき、ここに仏教信仰が流入してきたとみてよいだろう。

ここで注目したいのは「内陣は山、外陣は御堂なり」（坂東霊場記）とあることで、大谷石の山そのものを崇《あが》める自然崇拝からここの信仰がおこっていることである。たしかに大谷

大谷寺本堂

石の淡青色は神秘である。そこに霊感を得てほとけを刻み奉ったのも当然といえよう。山門を入ると行く手をふさぐような高い岩壁、これをくりぬいて建てられたお堂、まさに石の寺である。

石心《せきしん》塑《そ》像《ぞう》のご本尊

「いつの世に刻まれたか知れぬ年《とし》古《ふ》りた石のほとけの姿、大きい岩のおもてを拝する時、人は何か神秘の感に打たれる」と川勝政太郎氏が述べている。あるいは化人《けにん》の彫刻といい、あるいは弘法大師の御作といわれるのも無理はない。像高四・五メートル、放射状に四十二本の御手が何ら乱雑な印象を与えることなく、美しい律動感すらともなって拝される観音さまは秀麗の一語に尽きる。平安時代初期の造立で、わが国の石仏のうちで最優秀作といわれる所以《ゆえん》である。「下野風土記」は「まこと凡人のきざみなせる仏にあらず、感涙銘肝、拝殿を出づ」と記している。

柔らかくて崩れやすいこの大谷石に、よくもこのような複雑な表現ができたものだ。まさに神技《しんぎ》といえよう。石心塑像といって、石を削り、その上に朱を塗り、塑土《そど》で細部を粉飾して仕上げたものという。続く脇堂《わきどう》には釈迦・薬師・阿弥陀のそれぞれ三尊像が彫られている。

江戸時代には徳川家康の娘奥平亀姫が深くこの尊を信じ、元和年間（一六一五

山門を入ると岩壁をくりぬいて本堂が建てられている

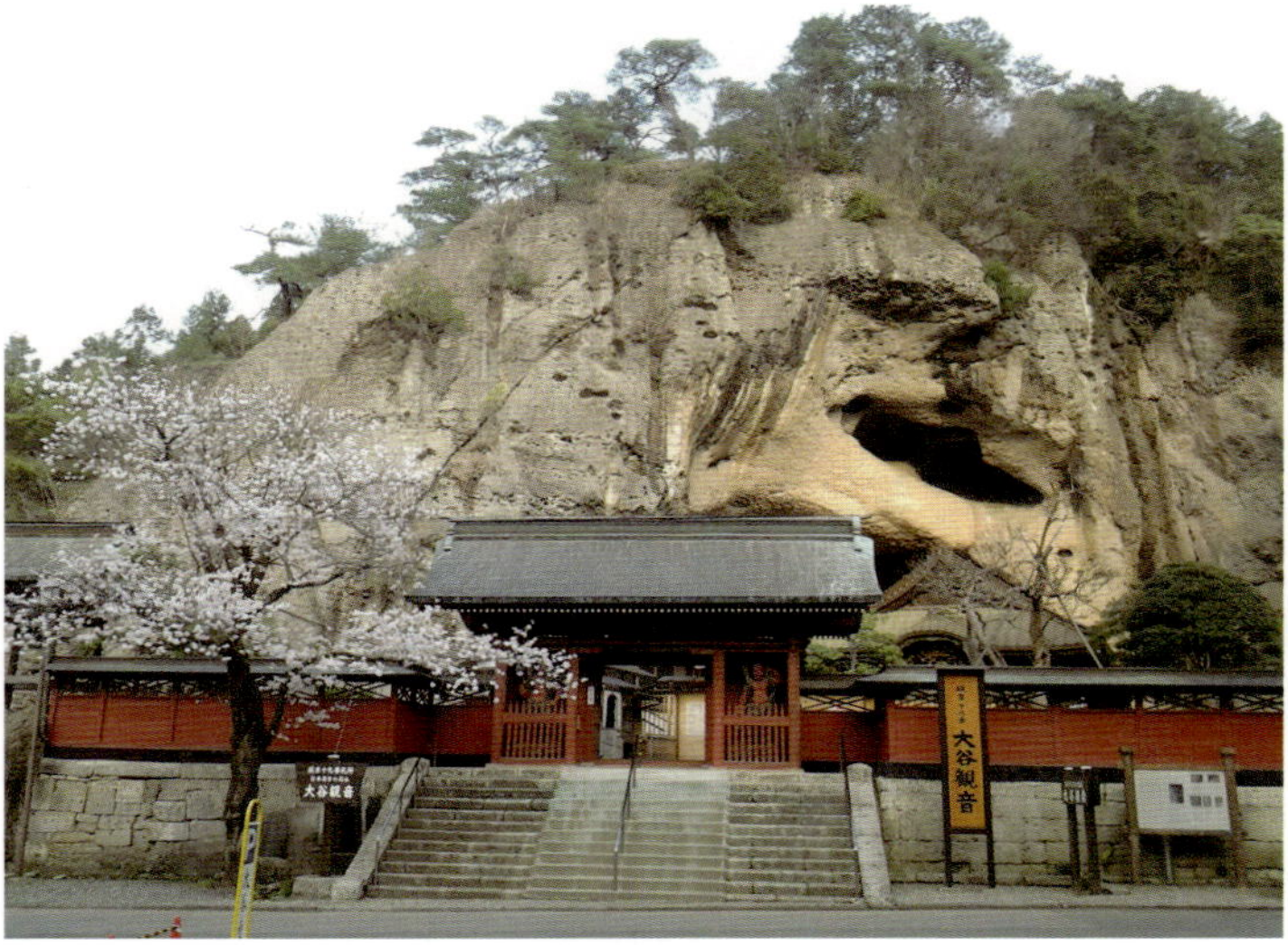

6年の歳月を費やして造られた平和観音

〜一六二四）には天海《てんかい》大僧正の法弟伝海《でんかい》僧正によって中興され、以後、天台宗に属し、輪王寺《りんのうじ》の末寺としての寺格を誇った。今も葵《あおい》紋の幔幕が本堂の向拝を飾っている。宝永年間（一七〇四〜一七一一）松平輝貞、奥平昌成らによって堂宇が整備された。また、歴代の輪王寺の法親王は上野寛永寺から日光社参の折には、この寺を宿泊所とされ、したがって幕府の庇護も尋常ではなかった。不忍池を偲んだといわれる前庭の池や背景の老松があたりによく調和して、心にくいばかりの落ちつきをみせている本坊である。

昭和三十七年からの保存維持の工事の際、堂下から縄文初期より弥生時代に至るまでの「屈葬《くつそう》」の人骨や土器・石器が発掘された。参拝のあと宝物館で観られることをおすすめする。なお、このあたりを中心に直径四キロが大谷石の本場だというが、寺のすぐ前に昭和三十一年、太平洋戦争殉難者の慰霊と平和祈願のためにと像高二七メートルの観音像が造られた。詣でたいものである。

天開山 大谷寺

交通　電車：JR東北線宇都宮駅から関東バス立岩行きで大谷観音前下車徒歩2分　車：東北自動車道宇都宮ICから国道293号・県道70号・県道188号経由8km、20分

駐車場　バス4台、乗用車33台（無料）

拝観　(4月～10月) 8:30 ～ 17:00
(11月～3月) 9:00 ～ 16:30
拝観受付はいずれも20分前で終了

拝観料　大人　400円

拝観休業日　毎年12月19日～31日
1月・2月・3月の各第2・4木曜日

主な年中行事　1月1日：新年法要
11月：施餓鬼法要

身代わりになったお守り

大谷寺住職　高橋敬忠

当山ご本尊の千手観音は、弘仁元年（八一〇）弘法大師の作と伝えられており、古くから大谷観音と称され親しまれております。

さて、近年は観光旅行のブームに乗り、観光主体の参拝者が増えておりますが、とても信心深い青年のことをお話ししましょう。

親子代々信仰の厚い家に育ったその青年が、交通安全のお守りを下さい、と当山お守り授与所へ飛び込んできました。しかし、彼は数日前にも同じお守りを受けていたのです。訳を尋ねますと、先日、車の運転中に子供が道路に飛び出してきたそうです。彼は避けられないと思いながらも急ブレーキを踏み、「アツ」と叫んだ時、不思議にも子供が向きを変え、無事に事故を避けられたということです。冷や汗を拭うような出来事があったその後、ふと気がつくとお守りがなくなっていたそうです。もちろん、どこかでなくしたのかも知れないとも話しておりましたが、彼は同じ交通安全のお守りを受けて帰って行ったのでした。

千手観音は、千の手と千の目を持っておられ、いつも大きなお慈悲の心で私達を見守って下さっています。参拝の折は、感謝の気持ちを持って合掌礼拝して頂きたいものです。

第20番　獨鈷山《とっこさん》 西明寺《さいみょうじ》（益子観音《ましこ》）

真言宗豊山派

栃木県芳賀郡益子町益子4469　☎0285・72・2957　〒321-4217

本尊：十一面観世音菩薩　開基：行基菩薩　創立：天平九年（七三七）

御詠歌：西明寺《さいみょうじ》　ちかひをここに　尋《たず》ぬれば　ついのすみかは　西《にし》とこそきけ

獨鈷山の由来

西明寺の縁起によれば、天平九年（七三七）僧行基《ぎょうき》が十一面観音を刻み、安置したのが草創という。のちに天平宝字元年（七五七）に唐僧恵林《けいりん》が入山し、観音堂を建て寺門の充実につとめた。このような経緯をもつこの古刹は、東日本の焼き物の代表「益子焼」で有名な益子の町を見下ろす高館山の中腹にある。

延暦年間（七八二〜八〇六）弘法大師がここの「幽寂たる禅境を愛して錫《しゃく》を大悲堂」（坂東霊場記）にかけられたという。「霊場記」には弘法大師の来山によって「貴賤渇仰《かつごう》して法水に浴す。時に法相宗の僧ら、挙げて大師の徳を妬み」岩屋におしこめるということがあった、と記されており、これを大師は所持の独鈷《とっこ》をもって避けられたというのである。それより獨鈷山と称した。そして一山十二ヵ坊、四十八の伽藍を構える基礎を築かれたのである。

室町時代建立の西明寺観音堂

　しかし、たびたびの兵火によって焼失衰亡した。下って康平年間（一〇五八〜一〇六五）紀《きの》正隆が高館山に居城を築き、益子氏を名乗り大いにこの寺を保護した。さらに宇都宮景房、続いて北条時頼が本堂を修営、益子寺を西明寺と改め、寺容を旧に復した。だが正平六年（一三五一）益子城の落城に際し、すべてが灰燼に帰した。境内の石段の下に立つと、ここが北限といわれる椎の巨木が参道をおおい、森厳さを加えている。

美しい姿の三重塔

　石段を登りつめると、明応元年（一四九二）建立の三間一戸、入母屋《いりもや》造《づく》り、重層の楼門に達する。飛簷垂木《ひえんたるき》の落書きによって完成まで三年を要したことが知られるが、上下両重の比例がよく整い、茅葺きであることがより重厚さを示している。特に蟇股《かえるまた》の彫刻は室町時代らしい細麗な形で見るべきものである。

その左手には天文七年（一五三八）益子家宗寄進の、関東地方の古塔の一つとして知られる三重塔が建っている。各層方三間、めずらしく銅板堅《かた》葺きであるが、屋根の勾配が急で、軒の出が深いので陰影が多く荘重な感を与えている。そして軒の真反《まぞ》りが強く、各重の軒先が軽く撥ね上っているために、実に美しい姿になっていると建築の専門家は評する。この和様《わよう》と唐様《からよう》の諧調になる塔は、少し離れた所から拝むとよいそうだ。

正面に観音堂、右に閻魔堂、左に鐘楼が、もう一つ階段を上った所にある。観音堂は元禄四年（一六九一）に外陣《げじん》を増築しているほかは室町時代建立のまま、特に屋根が来迎柱《らいごうはしら》の所で終わっているめずらしい型の「本尊厨子《ほんぞんずし》」は応永

三間一戸入母屋造の茅葺の楼門

年間（一三九四～一四二八）の造立、まことにこの寺は室町時代建築の宝庫であり、いずれも重文に指定されている。

本堂の板壁には明応三年（一四九四）の坂東札所巡礼者の落書きがある。西明寺から静かな林を抜け、明るい台地に出て、さらに下ることニキロの所に地蔵院があり、ここにも「坂東三十三所幸祐、命禄三壬寅三月三日」「坂東順礼之時、天正三年乙亥五月一五日」の落書きがある。いずれも札所研究の貴重な資料である。札所や霊場に詣でた法悦のあまり書き記したことであろうが、当時の巡礼が「矢立《やたて》」など持参していたことを知る「旅風俗」の資料でもある。西明寺の観音さまは開運を祈る人の参拝が多い。閻魔堂の笑いの閻魔はめずらしいが、かえって不気味だ。いろいろな罪業のうちに生きる自分を思うとき、巡礼の功徳によって少しでもその消滅を願い、閻魔王の前で弁明しなくてもすむようにしたいものである。

益子家宗寄進の三重塔

獨鈷山 西明寺

交通 電車：JR東北線宇都宮駅から東野交通バス益子駅前行きで終点下車、真岡鉄道益子駅から徒歩1時間

車：北関東自動車道桜川筑西ICから国道40号・県道41号・県道262号経由17km、真岡ICからは県道47号・県道257号・県道41号・県道262号経由17km、30分

駐車場 あり（門前）

拝観料 無料（本堂内陣300円）

納経時間

(4月～10月) 8:00 ～ 17:00

(11月～3月) 8:00 ～ 16:30

主な年中行事 1月：元旦初護摩

2月3日16時：節分会　3月～12月第1日曜13時：護摩祈願

菩薩とは……

西明寺住職　田中雅博

弘法大師の著作から観音菩薩について紹介しましょう。

「浄妙国土に於ては仏の身を現成し、雑染五濁の世界に住せばすなわち観自在菩薩たり」

仏の身を完成しておられる観自在菩薩は、煩悩に染まった現実の世間に住んでおられます。不著生死（仏であり）、不住涅槃（世間に住む）が菩薩の理想です。

「観自在菩薩は手に蓮華を持し、一切有情の心中の如来蔵性、自性清浄光明を観じたもう」

心を本尊に集中して、雑念がなく浄らかになった心の状態を信（清浄心）といいます。そこには、すべての他人を自分自身と観る慈悲の心が備わっています。これが仏の心であり、誰もが本来持っているので如来蔵性といいます。蓮の花は泥の中から出てくるが、垢に染まらない。それで観音さまは蓮華を持ちそのように本来浄らかな人々の心を観じられるのです。

「この菩薩の加持によって、離垢清浄を得て、聖者に等同なり」

このような観音さまを本尊として修行すれば、ついには自身が観自在菩薩であることを悟れるのです。

第21番　八溝山《やみぞさん》　日輪寺《にちりんじ》（八溝山）　天台宗

茨城県久慈郡大子町上野宮字真名板倉2134　☎0295・77・0552　〒319-3704

本尊：十一面観世音菩薩　開基：役ノ行者　創立：天武天皇の朝（六七三）

御詠歌：迷《まよ》ふ身が　今は八溝《やみぞ》へ　詣《まい》りきて　仏《ほとけ》のひかり　山もかがやく

山岳信仰の霊地

日輪寺は茨城・福島・栃木の三県にまたがる八溝山脈の主峰、標高一〇二二メートルの頂上にある八溝嶺神社から三〇〇メートルほど下った地点にある。「八溝知らずの偽坂東《にせばんどう》」といわれ、遥拝ですましてしまう者がいたほどの坂東札所第一の難所である。

『坂東霊場記』には「春夏巡礼のほか、尋常《よのつね》の往来なければ熊笹一面に生茂り、更に道の綾《あや》分ち難し」とある。今は町道を利用して自動車が行くので、これも昔語りとなった。

大子から久慈川をたどり、さらに八溝川をさかのぼる。やがて茨城交通のバスの終点蛇穴《じゃけつ》に着く。もとはここから登拝にかかったものである。

蛇穴の先にもとは古い大鳥居があったが、これは日本武尊《やまとたけるのみこと》の創建と伝える八溝嶺神社のものである。

信徒及び巡礼者の寄進により再建された本堂

「八溝《やみぞ》」という地名は、もとこの地に源流を発する川のことで、ヤは接頭語、ミゾは川のことであるというが、それより日本武尊が東征の折、ここまで来られ、「この先は闇《やみ》ぞ」といわれたのによるという話の方が面白い。現在でも原生林におおわれた日輪寺はまさに山岳信仰の霊地といえる。

寺伝によれば、天武の朝（六七三）役《えん》ノ行者《ぎょうじゃ》の創建といい、「八溝日輪寺旧記書類写」によれば大同二年（八〇七）に弘法大師が八溝川の流水に、香気と梵文とを感得され、再建されたという。大師はこの山の姿が八葉の蓮華を伏せた如くであったのと、この山の鬼人を退治された時、狩衣《かりぎぬ》を着た二神・（大己貴《おおなむち》神・事代主《ことしろぬし》神）が現われたのを、二体の十一面観音として刻み、日輪・月輪の二寺を建て、観音霊場とされたのであった。仁寿三年（八五三）慈覚《じかく》大師の来錫を縁として天台の法流に属し、今日に及んでいる。

僧成弁《じょうべん》の参籠

鎌倉時代には源頼朝が寺領を寄せて信仰し、室町時代の文明年間（一四六九～一四八七）には日輪寺の本堂は間口十六間、総欅《けやき》造りの大伽藍となり、雷神門・札堂・薬師堂・不動堂などが甍《いらか》を並べるに至ったという。

また福島県東白河郡棚倉八槻村の都々古別《つつこわけ》神社の十一面観音像の台座銘に、天福二年（一二三四）僧成弁がこの日輪寺に三百日間お籠《こも》りし、坂東巡礼をしたとあるが、これは

境内に建てられた八溝観音像

坂東札所の成立を知る上で貴重な史料である。続いて天文六年（一五三七）佐竹義篤と白河城主藤原直広が大檀那となって堂舎を修営および梵鐘《ぼんしょう》を寄進している。中世以降は修験の道場となり、特に江戸期には山伏《やまぶし》の往来もはげしく修行の山となった。

寛永二十年(一六四三)火災で本堂焼失、仮堂を建立。万治元年(一六五八)再び炎上したが、水戸義公は二回登拝し再建に尽力、春秋の二季に野・常・陸三州に守護符の頒布を許すなどして保護した。境内には上之坊月輪寺、中之坊尼寺があった。数少ない往時の遺品の一つに正徳三年（一七一三）の銘をもつ、観音堂の向拝にかけられていた「鰐口《わにぐち》」がある。だが天保三年（一八三二）の水戸藩の廃仏運動で、一時は本尊が白河郡高野大梅に避難されるほどの法難に遭遇した。

そして明治十三年の火災で惜しくも堂宇を全焼。大正四年仮堂が建てられ、さらに昭和四十九年、六間四面の立派な観音堂が茨城、福島、栃木の三県にわたる信徒及び全国からの巡礼者の浄財によって完成した。

時間が許したら麓から是非徒歩で参拝してもらいたい札所である。田村麻呂ゆかりの三本杉や白毛・金性・龍毛などと呼ぶ小さな瀧も見られる。

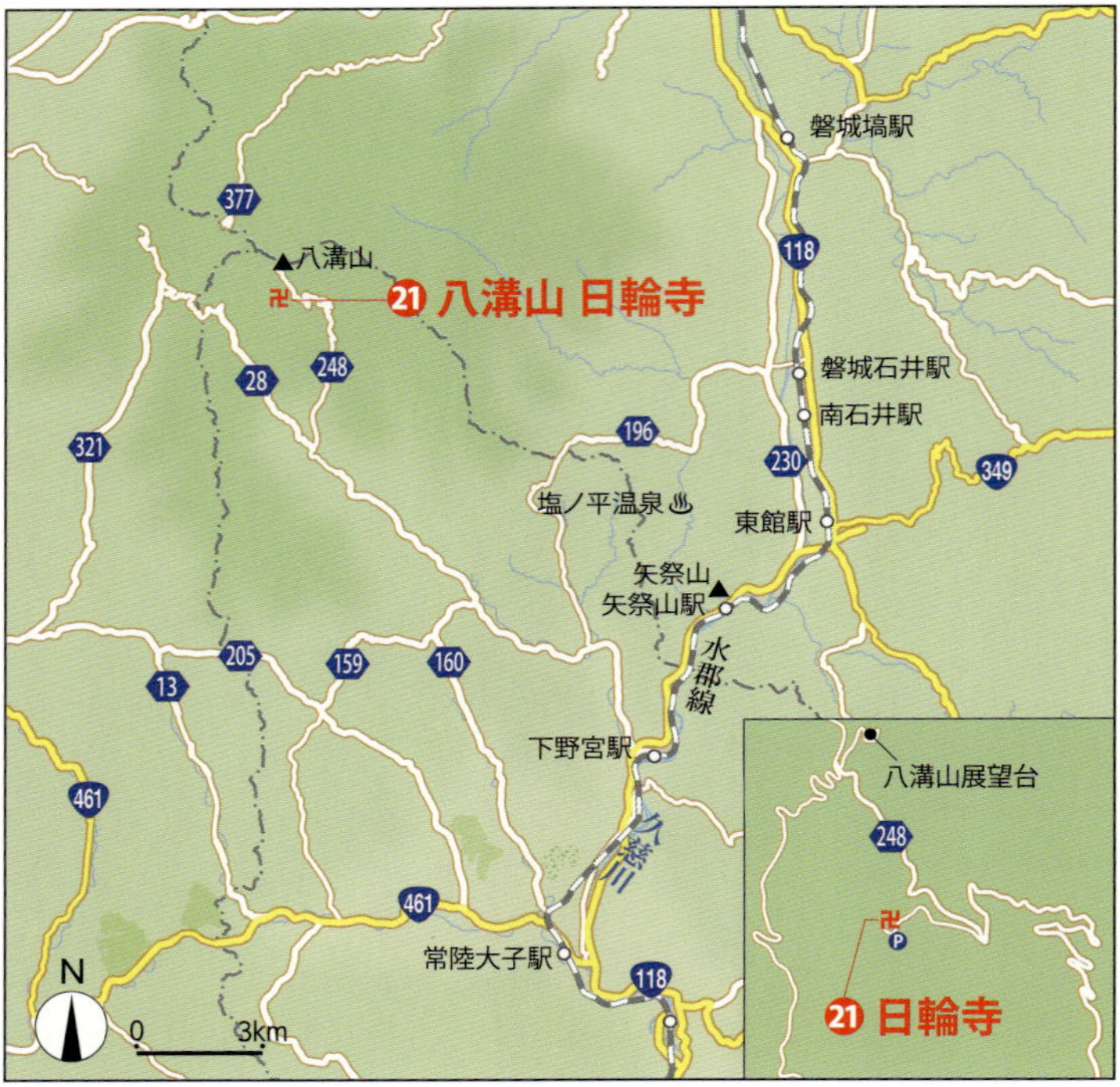

八溝山 日輪寺

交通　電車：JR水郡線常陸大子駅から茨城交通バス蛇穴行き終点下車、八溝山登山道を徒歩2時間、常陸大子駅からタクシー 40分　車：常磐自動車道那珂ICから県道65号・国道118号を進み下野宮駅付近の国道案内板に従い県道28号を八溝山方面に北進、県道248号を進み寺へ

駐車場　あり（門前）

拝観料　無料

納経時間　(夏季) 8:00 ～ 16:30
(冬季) 9:00 ～ 16:00

1月～ 2月、雪のため閉山（御朱印は可能、登山口に案内板）

主な年中行事　縁日：護摩祈祷　5月3日：護摩祈祷

因果応報

よく私たちは、因果応報という言葉を使います。因果応報という言葉は、原因があって、必ずそれに応じた結果が伴うということです。私たちは、常々この言葉は良い方の意味では使いませんし、理解しませんが、そうではありません。七佛通戒偈の中に、「もろもろの悪をなすことなかれ、もろもろの善を行え、それが仏の教えである」と、お釈迦さまもおっしゃっているように、仏教とは簡単な教えであるが、守ること、行うことは大変難しいことでありますから、善因善果であり、悪因悪果なのです。

つまり、米の種を蒔けば、米の芽が出て、米の花が咲き、穂がなります。また、麦を蒔けば、麦の芽が出て、麦の花が咲き、麦の実となります。すばらしい種を蒔けば、良い芽が出、良い花が咲き、良い実が結びます。それは、自然のことわりであり、人間だけが逃れるものではありません。良い種を蒔くも、悪い種を蒔くも……。

南無大慈大悲観世音菩薩　合掌

第22番　妙福山明音院《みょうふくざんみょうおんいん》　佐竹寺《さたけじ》（北向観音）

真言宗豊山派

茨城県常陸太田市天神林町2404　☎0294・72・2078　〒313-0049

本尊：十一面観世音菩薩　開基：元密上人　創立：寛和元年（九八五）

御詠歌：ひとふしに　千代《ちよ》をこめたる　佐竹寺《さたけでら》　かすみがくれに　見《み》ゆるむらまつ

元密《げんみつ》上人の草創

常陸太田駅から県道を約二キロ、徒歩で三〇分余り、天神林の台地、佐竹寺の仁王門前に着く。門には山号を書いた扁額があり、その上に『吾妻鏡』にその由来を記す五本骨に暁月紋の佐竹氏の陣扇があげられている。まさに佐竹氏ゆかりの寺であることが知られる。

『坂東霊場記』には「花山法皇の御発願、元密上人の草創なり。本尊十一面の像は聖徳太子の手彫《しゅちょう》、法皇護持の聖躯なり」とあり、それを正暦年間（九九〇〜九九五）のこととしている。もちろん、伝説であるが、元密上人は花山法皇の坂東巡礼に従った一行八名の中に名をつらねておられる僧である。

『新編常陸国誌』にも「僧元密の創立する所といふ、観音堂一宇同地にあり、境内千二十五坪」とあるが、その所在地ははじめ鶴ガ池のうしろ、洞崎の峰観音山であった。のち天文十二

寄棟造・唐破風の風格ある本堂（国指定重要文化財）

年（一五四三）兵火に焼かれ、同十五年佐竹十八代義昭が馬坂城の鬼門除けとして現在地に再建。北向観音といわれる所以である。

佐竹氏出世の瑞兆

元密上人の開基から百五十五年を経た保延六年（一一四〇）観賢《かんけん》上人の教えにより、この本尊に深く帰依した初代佐竹昌義は、武運の隆盛を祈ってはたびたび霊験を得たので、その報謝のため寺領三百貫文の地を寄進し、佐竹氏代々の祈願寺と定め、寺観を大いに整えた。

この寺で昌義が長さ二十尋《ひろ》に一節《ひとふし》しかない奇竹を発見し、これぞ出世の瑞兆なりと感じ源姓を佐竹に改めたという話がある。この寺はこれより以後、佐竹氏の興亡とその消長を共にすることになるが、天正十八年（一五九〇）頃には本堂のほかに宝蔵・歓喜などの六支院と三ヵ坊を擁する大寺となっていた。

仁王門を入ると天文十二年（一五四三）再建の本堂（重文）が正面に建つ。単層、「もこし」付、寄棟造《よせむねづく》り、唐破風《からはふ》の見事な建物である。ところどころに禅宗様式をとり入れているので簡素・剛直な雰囲気をかもし出している。桃山時代建築の先駆をなすものとして注目されている。その豪壮ともいうべき観音堂を囲むようにして杉の老樹が境内をくぎっているので、往来に近い割に自動車の騒音もそれほどに気にならぬ。参道を進んで堂前にぬかづくと、時代を経た木造建物特有の枯れた落ちつきが、心をやすらかにしてくれる。

観音堂より山門をみる

堂内に入ると内陣は瓦がしきつめられており、ひんやりと肌に冷気を感ずる。箔押《はくおし》の来迎柱《らいごうばしら》を立てた大須弥壇《しゅみだん》の上に、金箔の跡を留めた家形《やがた》の厨子が置かれ、ご本尊が納められている。十字に交叉した舟肘木《ふなひじき》が軒桁《のきげた》を支え、繁棰《しげだるき》がいかにも美しい線を出している。それに左右の火頭窓《かとうまど》が風情をこの建物に与えている。

慶長七年（一六〇二）佐竹氏が秋田へ移封されてから寺門は急速に衰えを見せた。水戸義公が除地十七石を寄せて保護したが、寺の維持にはかなりの困難がともなった。だが延享年間（一七四四〜一七四八）に神崎寺《かんざき》を第一番とする「水戸藩の三十三札所」が設けられるや、佐竹寺はその第十一番の札所となり、第十番の村松の如意輪寺から巡ってくる巡礼と八溝山からくる坂東巡礼者によって賑わった。しかし明治維新の廃仏毀釈などにより、寺門は急速に荒廃した。のちに本堂が明治三十九年特別保護建造物、昭和四年国宝に指定されながらも無住の寺であった。昭和二十四年前住職が晋山、その努力によって漸く寺観も整い今日に至っている。

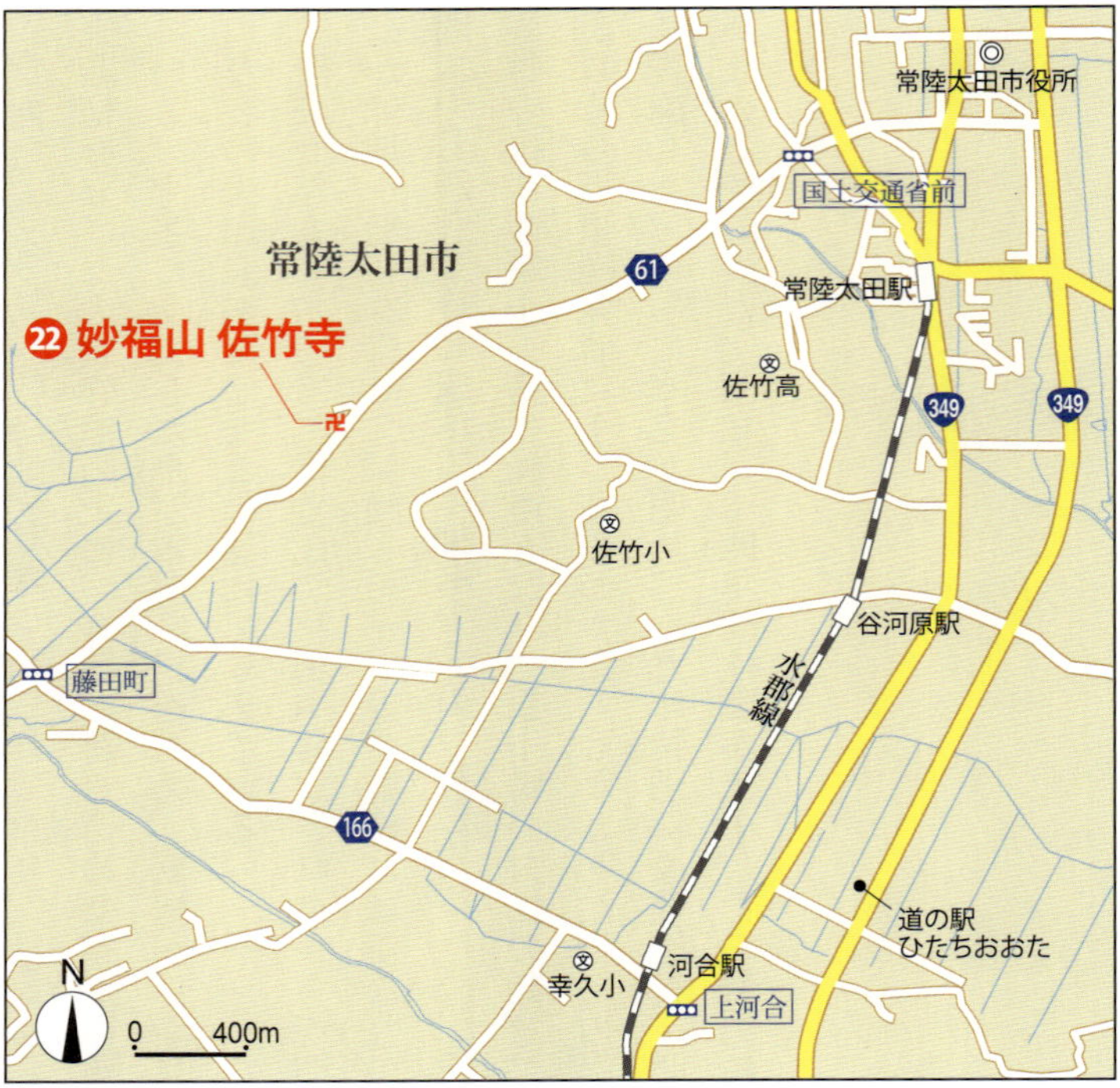

妙福山明音院 佐竹寺

交通　電車：JR水郡線常陸太田駅からタクシー 7分　車：常磐自動車道日立南太田ICから国道293号・県道61号経由15分

駐車場　4台（無料）

拝観料　無料

納経時間

(4月～ 10月) 9:00 ～ 16:30

(11月～ 3月) 9:00 ～ 16:00

主な年中行事　1月1日：元朝護摩修行　2月：佐竹稲荷大明神初午大祭　7月10日：佐竹観音一万燈【四万六千日】 8月6日：施餓鬼会修行　毎月17日：佐竹観音御縁日

霊験について

佐竹寺住職　高橋俊裕

これは『坂東霊場記』にのせてある話ですが、江戸時代のある夏の日のことでした。駿河《するが》の国富士曲村の矢作又右衛門が坂東巡礼のとき、もう五、六町で佐竹寺へ着くというところで、折からの炎暑のため路傍に倒れてしまいました。自分はたとえ道芝の露となってもかまわないが、故郷に残してきた年老いた母のことが気にかかって悩んでいました。

そこで一心に観音さまを念じておりますと、一人の僧が現われ、「十句《じっく》観音経」を授け、持っていた瓶水《びょうすい》を身にそそいで「早く我が寺へ来るべし」と告げて立ち去りました。すると又右衛門の苦しみは洗うが如く去り、佐竹寺へお参りすることができたのです。そして、あの僧こそ佐竹寺のご本尊十一面観音さまの化身《けしん》であったとますます信心を深めたというのであります。

このような霊験を語ることは、次元《じげん》の低い世界の話だなどという人もありますが、それは間違いだと思います。信仰には必ず現証がともないます。ですから私たちはそれをすなおに有難く受けとっていけばよいのです。佐竹氏がこのご本尊さまから頂いた霊験も実に尊いものです。佐竹城の鬼門除け、その故に「北向観音」といわれるご本尊さまを、どうぞ深くご信仰になられ、「厄除け」のご霊験を皆さまもお受けくださるよう祈ってやみません。

第23番 佐白山《さしろざん》 正福寺《しょうふくじ》（佐白観音）

真言宗単立

茨城県笠間市笠間1056-1 ☎0296・72・1332 〒309-1611

本尊：十一面千手観世音菩薩 開基：粒浦氏 創立：白雉二年（六五一）

御詠歌：夢の世に ねむりもさむる 佐白山《さしろざん》 たえなる法《のり》や ひびく松風《まつかぜ》

正福寺の歴史

白雉二年（六五一）粒浦某という猟師が、佐白山を守る白い三つの動物に導かれて霊木を感得し、千手観音像を刻み、三白山三白寺三白院と名乗り、後に寺号を三白山正福寺と改め真言宗寺院として孝徳天皇の勅願寺となった。鎌倉初期には身分の高い者達によって観音巡礼は行われ、この頃坂東霊場は作られたのではないかと推測されている。

後に初代笠間城主となる宇都宮氏の子孫である塩谷時朝は、父親と共に、京都周辺にあった領地から、和歌の名手として盛んに宮中に通い、地方豪族としての成功を目指した。地方の政治的不安定を治める為に笠間城を佐白山頂に築く事が決定した時、当時佐白山頂にあった岩谷寺を移転、残った正福寺と佐志能神社が笠間城の祈願所に定められた。氏を変え、笠間時朝と名乗り、初代笠間城主として笠間城に入城した際、時朝はわずかに二歳であった。

正福寺本堂

後に時朝は、笠間周辺の主要寺院に、武運を高めるために、沢山の秀作と言われる仏像を納めている。

正福寺は佐白山頂に建った笠間城の祈願寺と定められたが、後に笠間城が廃藩置県により取り壊され、正福寺は後ろ盾を失う。明治三年の廃仏毀釈の法難に遭い七堂伽藍は焼失。本尊諸仏は難をのがれ近隣寺院に預けられ、昭和五年に現在地に本堂が再建された。一時寺名を佐白山観世音寺と称したが、平成二十四年に正福寺と改められ現在に至っている。

本尊、千手観音について

千手観音様のご利益は、諸願円満で

ある。民衆に、抜苦与楽《ばっくよらく》をもたらし、信心の篤い者から即悉に救うと、観音経には明記されている。度々お参りを重ねる事でご仏縁をいただく方に、その功徳は多くもたらされる。

鎌倉時代初期、京都の宮中での政治的な立場が確立され、時朝は京都の三十三間堂に、二体の千手観音像を納めた。時朝は、自分の領地を守る祈願所と定めた正福寺にも、城主の祈願所にふさわしいご本尊が欲しいと考え、京都で慶派の　仏が彫った千手観音像を、正福寺に安置したのではないかと考えられている。ご本尊が、運慶の系統の仏師により彫られたという鑑定が、平成三〇年四月末に確定した。

鎌倉時代初期の千手千眼十一面観世音菩薩

廃仏毀釈で明治三年に当時笠間周辺住民によって焼打ちに遭い、歴史的資料を全て焼失しているのを理由とし、正福寺のご本尊は、笠間時朝の納めた仏像の一覧表等にいまだ掲載されていない。寺歴がはっきりしない事を理由に、笠間史には、江戸時代に書かれたとされる書物（『三十三所坂東観音霊場記』）を頼りに、その時代背景は歴史的裏付けのないまま説明されている。笠間史は現在、事実として茨城県史に一切引用されていない。

近隣の寺院との領地の争いなどに便乗して、正福寺を攻め滅ぼしたのは宇都宮氏と笠間史にはうたわれているが、近隣寺院を近年採掘調査した結果、武器となる物の出土が一切無かった事から、当時発掘調査をされた五浦美術館客員美術員、水戸常陽藝文センターの人気講師でもある後藤道雄氏により、その歴史的説明において訂正の必要がある事が平成二十九年に発表された。

その秋、栃木県立博物館に於いて、宇都宮氏展が開かれるなど、歴史再考の機運が高まり平成三〇年四月には、笠間市役所、生涯学習課の主催により、宇都宮氏の歴史、並びに笠間史の訂正を表明する発表会が笠間市公民館で開かれ、多くの笠間市民が足を運び、熱心にその説明に聞き入った。歴史は、その時代の研究者によって、間違いもあり、その折々で変わる生き物のようなものであり、当正福寺の縁起も変更したものである。

佐白山 正福寺

交通　電車：JR水戸線友部駅から茨城交通かさま観光周遊バスで日動美術館下車、徒歩5分　笠間駅よりタクシー 5分　車：北関東自動車道友部ICから国道355号を北に進み下市毛北交差点を直進し佐白山の案内板のところを右折7.4キロ、13分

駐車場　無料（公営笠間稲荷駐車場）

拝観料　無料

納経時間

(4月～ 10月) 8:00 ～ 17:00
(11月～ 3月) 8:00 ～ 16:30

主な年中行事　1月1日～ 8日：修正会　1月14日：どんと祭　2月第1日曜：節分会　旧3月3日：春季大祭　4月29日：観桜会　旧4月8日：仏生会　旧5月23日：大将軍会　旧8月3日：開山会　旧9月3日：秋季大祭　12月31日：毘沙門天王護摩供

すばらしい方にお目にかかる巡礼の旅

「お観音さまへの巡礼って何ですか？」

こんな質問に

「すばらしい方にお目にかかりに出る旅ですよ」

と答えます。

世にもお優しく美しいお姿で、三十三もの手だてを立てて人々をお導きお救いくださるすばらしい方にお目にかかるのですから、写経をさし上げる、せめて読経をしてご印をいただくようにと申し上げている毎日です。

生きていく上には、さまざまな喜びや悲しみに出会います。お観音さまはそのお胸の中に、限りない人々の喜びや悲しみを優しく受けとめられ、喜びの中にいる人には感謝の心を持つように、悲しみの中にいる人には生きる勇気を持つように導き続けてこられた、そういう方がお観音さま……。このように思いいたる時、お観音さまの前ではたいそうすなおなお心になることができます。

巡礼の旅を通して、日頃の暮らしや生き方をもう一度見なおしてみたいものです。

第24番　雨引山《あまびきさん》　楽法寺《らくほうじ》（雨引観音）

真言宗豊山派

茨城県桜川市本木1　☎0296・58・5009　〒309-1231
本尊：延命観世音菩薩　開基：法輪独守居士　創立：用明天皇二年（五八七）
御詠歌：へだてなき　誓《ちかい》をたれも　仰《あお》ぐべし　佛《ほとけ》の道に　雨引《あまびき》の寺

独守居士の開創

「雨引《あまびき》かんのん」として知られ「安産」の祈願をこめる人が多い雨引山阿弥陀院楽法寺は、筑波連峰の端を占める雨引山の中腹に建つ。山裾まで来ると黒門があり、そこから石段の上り坂となる。この薬医門《やくいもん》はもと真壁城のもので室町時代の貴重な遺構である。黒門をくぐると「厄除けの石段」と呼ばれる百四十五段の石段があり「アジサイ」の季節には参拝者の目を楽しませている。段を上るとやがて仁王門に致る。享保年間（一七一六～一七三六）再建のこの仁王門をくぐると、左手に見事な曲線を描く大石垣がある。

慶長七年（一六〇二）徳川家康は、当寺に寺領百五十石を寄せ、寺格十万石を与えたがその寺格を象徴するかの如く実に立派なものである。文政年間（一八一八～一八三〇）幕府の下賜金を得て、当山住職元盛《げんせい》上人の代に築かれたものである。延長一〇〇メートル、高さ

「延命観音」が祀られる観音堂

一三メートルある。さらに進むと「宿かり椎《しい》」があるが、これは応永三年(一三九六)の火災の折、ご本尊自らがこの木に難を避けられたとの伝説を語るもの。また開山法《ほう》輪独守居士《りんどくしゅこじ》が龍に乗って昇天されたという「龍杉」、観音像のお袖からしたたり湧き出たと伝える霊泉など、「一木一水」の霊異がここでは説かれる。まことに深秘《じんぴ》な霊場である。この仁王門に至るまでの表参道の景観は坂東札所の中でも「山寺」としての絶景であろう。できたら徒歩で登拝していただきたいものである。

石段を登りきると松山の稜線を背に観音堂が建っている。この内陣には木彫一木造り、像高一七〇センチ、弘仁期(八一〇)の作と伝え、関東造りとしてはきわめて注

享保年間に再建された仁王門

目すべきお像といわれる「延命観音《えんめい》」（国指定重要文化財）さまが祀られている。

『縁起』によれば用明天皇二年（五八七）、中国より渡来した法輪独守居士によって開創され、推古天皇の御平癒を祈って効験あり「勅願寺」となった。まさに古刹である。

安産祈願の霊場

光明《こうみょう》皇后の御産（七三〇）のみぎり、皇后は遥かに当山に安産を祈らせられて「法華経」を書写してご奉納になられた（写経は現存）。その効験があって安産なされたので、三重塔を寄進された。それから全国に安産祈願の観音として霊名が知れわたった。

観音堂は入母屋《いりもや》造り、本瓦葺《ぶ》きの大伽藍

であり、龍頭《りゅうず》の彫刻も見事な尾棰《おだるき》など宝永七年（一七一〇）以来の余香が感じられる建物である。嵯峨天皇の弘仁十二年（八二一）大旱魃《だいかんばつ》の折、天皇は法華経を書写して納め給い、当山の観音さまに降雨を祈されたところ、三日にわたって満天下に雨が降ったという。これより「天彦山」の山号を「雨引山」に改めたといわれる。

さて建長四年（一二五二）宗尊《むねたか》親王が諸堂を建立、建武二年（一三三五）足利尊氏《たかうじ》が祈願所に指定、また、これより以前、北條時頼《ときより》はお前《まえ》立ち本尊を納めている。だが応永三年（一三九六）兵火で多くを失った。その時に当山守護のマタラ神が住職の吽永《うんえい》を励まして、七日七夜で再建させ、寺勢をとり戻した話は有名。この故事により毎年四月にマタラ神祭が行われる。鬼神が破魔矢を参詣者に授け、鬼たちの踊りが奉納される。

境内は桜の開花の頃、「関東の吉野」として訪れる人が多い。

三重塔を改め、建てられた多宝塔

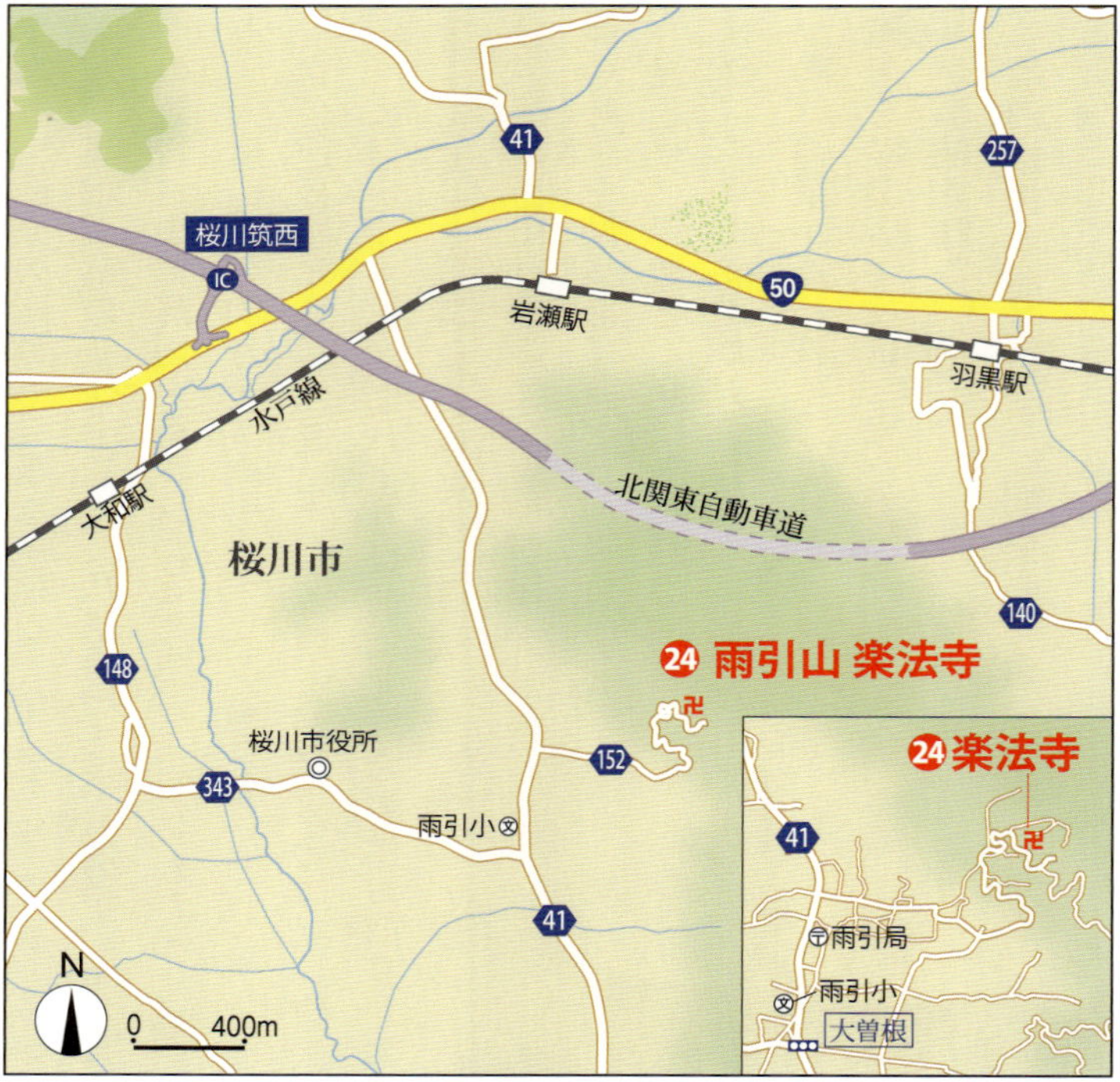

雨引山 楽法寺

交通　電車：JR水戸線岩瀬駅下車、バス 18分（土・休日のみ、5便）タクシー 10分　車：常磐自動車道土浦北ICから国道125号を下妻方面へ、県道14号、県道41号経由して桜川市大曽根交差点を右折して寺に至る69km

駐車場　無料

拝観料　無料

納経時間　8:30 ～ 17:00

主な年中行事　1月1日～ 3日：正月元旦大護摩供　4月第2日曜：厄除大祭マタラ鬼神祭　4月1日～ 20日：桜祭　6月10日～ 7月20日：アジサイ祭　8月13日：供養　11月10日～ 11月20日:紅葉祭　11月23日:護摩札焚き上げ

延命長寿を授ける延命観音さま

雨引山楽法寺前貫主　川田聖定

当山延命観世音菩薩は、今から一千三百余年前の用明天皇二年、梁の人法輪独守居士が請来した仏像であり、特に人の寿命をお守り申し上げることをご誓願とせられる、霊験あらたかな尊い観世音菩薩であります。

ゆえに当山観世音菩薩を信仰し、日々観世音菩薩のご真言をお唱え申し、至心に祈念する時は、延命観世音菩薩の加持力をこうむることを得て、無病息災にして天寿を全うすることができるといわれているのであります。

当山にご参詣のお方は必ず仁王門前の百四十五枚の大石段をお登りになりますが、この石段は俗に〝厄除け長命の石段〟といわれ、ご真言を唱えながらこの石段を登ることにより、長命できると信ぜられております。

幾百年の長きにわたり、人々の足によってすり減って丸くなった花尚岩の石段の一つ一つに、ご利益の深遠さと延命長寿を祈念した人々の信仰の跡を感ずるものがあります。

第25番　筑波山《つくばさん》 大御堂《おおみどう》（大御堂観音）

真言宗豊山派

茨城県つくば市筑波748　☎029・866・0126　〒300-4352
本尊：千手観世音菩薩　開基：徳溢《えつ》法師　創立：延暦元年（七八二）
御詠歌：大御堂　かねは筑波の　峯にたて　かた夕暮れに　くにぞこひしき

徳一法師の開基

明治の神仏分離令が出るまでは、現在の筑波神社がある所には、筑波山知足院《ちそくいん》中禅寺大御堂の本堂があり、千手観音に神を合祀していた。神橋《みはし》や随神門と呼ばれている建物は、当時は大御堂の山門で三代目将軍徳川家光の大御堂大改修の折に寄贈されたものである。現在も大御堂にはその時の大願が残されている。筑波山は、男体・女体の二峰からなり、昔はそれぞれ千手観音・十一面観音を本地仏《ほんじぶつ》とする大権現《だいごんげん》として崇められていた。

寺伝によれば、この霊山は延暦元年（七八二）東国の化主《けしゅ》と仰がれた徳一《とくいち》法師によって開かれ、弘仁年間（八一〇～八二四）弘法大師によって真言密教の霊場となったという。そして「この山は天地開闢の古へより、天神地祇降霊の地なり……大御堂千手大悲の像は両大権現の託宣に依って、弘法大師の彫刻なり」（坂東霊場記）とし、ここが神仏習合信仰の山で

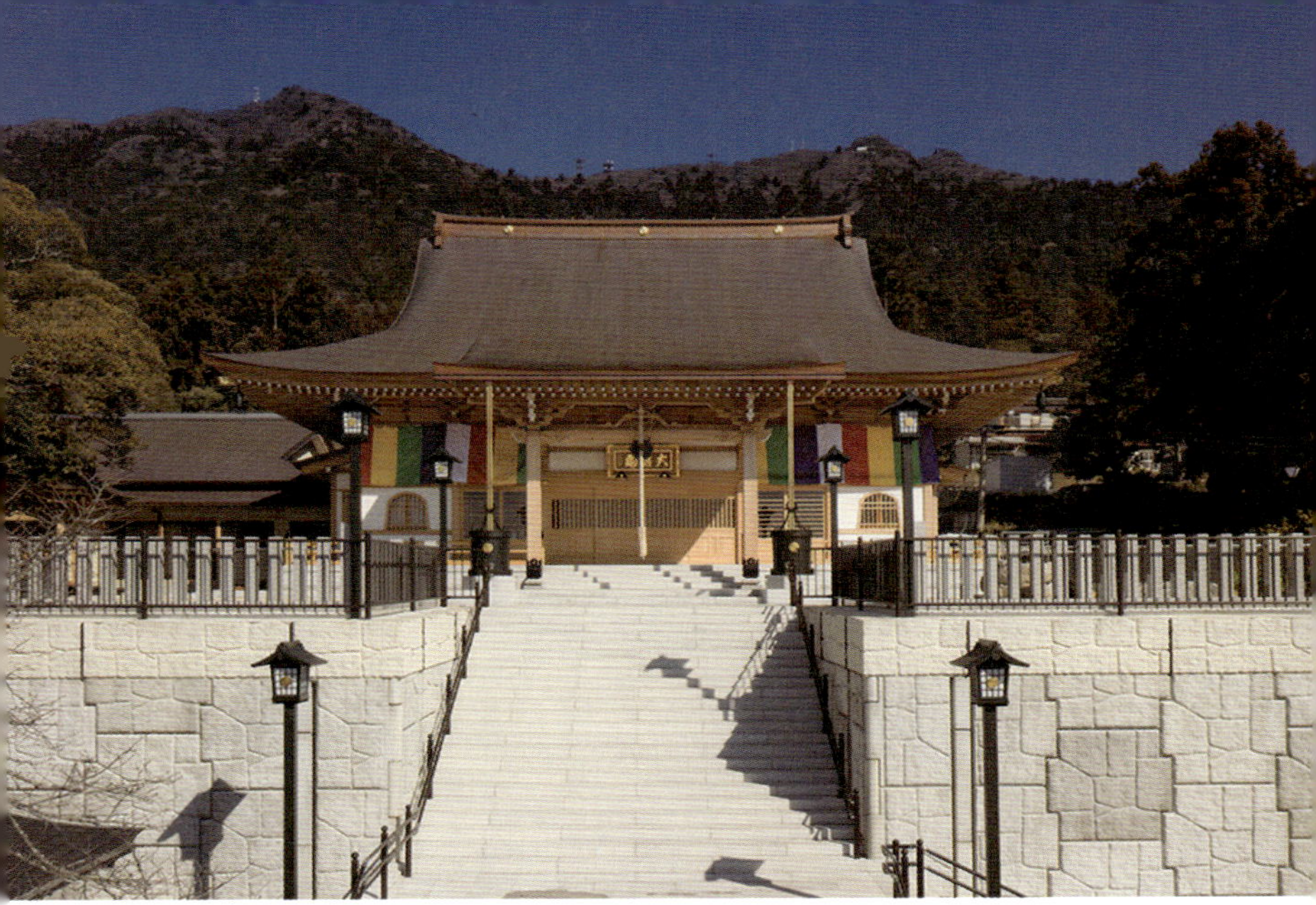

2020年６月に完成した本堂

あることを教えている。鎌倉時代には常陸《ひたち》の守護八田知家《はったともいえ》の子、為氏《ためうじ》が筑波氏を称し、のち出家して明玄《みょうげん》となり、この寺の別当をつとめ隆盛を示した。だが応永五年（一三九八）落雷で堂塔を失った。

江戸時代の盛観

江戸時代に至り、知足院宥俊《ゆうしゅん》の代、朱印五百石を得て中興。続いて徳川秀忠の乳母の子、出家して光誉《こうよ》上人がこの寺に住し、慶長十九年（一六一四）、大阪城攻略に従軍して戦勝を祈願、いよいよ徳川家の恩寵を深くした。さらに家光将軍はことのほか尊崇し、三重塔・鐘楼・楼門などを造建して輪奐《りんかん》の美を整えた。亮盛沙門《りょうせいしゃもん》の著『筑波山名跡誌』にはこのことを「将軍家の御崇敬浅からず、神社仏閣湧くが如くに興隆し、人法繁昌古への千倍なり」と書き綴っている。

なお貞享三年（一六八六）第十一世隆光《りゅうこう》上人の代には寺領千五百石の寺格を有する大寺となり、十八支院、三百の住僧を数えたという。正徳三年（一七一三）寺島良安編の有名な図説百科事典『和漢三才図会』は「堂塔楼門最美なり」と讃嘆している。

また、文化十年（一八一三）刊の『筑波誌』には「本尊観世音坂東の札所なり。大堂巍々雲を貫き、結構美々たる荘厳は、中々言語に絶したり」とある。したがって参拝者・巡礼者もきわめて多く『筑波山縁起』によれば「近国他国より参詣の輩、袖を連ね裾をからげ、昼夜の堺も無く、山の繁昌時を得」たる有様であった。

往時の姿に復元されたご本尊

筑波山大御堂への道は石岡から八郷町の柿岡、そして小幡、十三塚を通る府中街道が古く、次に筑波町山口から平沢、館そして六所神社を通る徳一法師の開いた道があるが、何といっても一番賑わったのは、北条から神郡、臼井の村落を過ぎお堂の正面に出る「筑波六丁」であったという。現在でも辿ることができる。

だが明治初年、神仏同体の思想を否定する悪令暴挙によって筑波山が激変を余儀なくされたのは惜しみても余りあることである。「筑波千軒」といわれた町の衰亡も、一時は色濃いものであったそうだ。外来性と伝統性とを包合した由緒に富む習合文化はいたずらに破壊されてしまった。それ以来、仮堂のような大御堂にご本尊は祀られ、大津波に遭われるなどのことがあったが、傷一つ負わなかったのは幸いであった。昭和三十六年完成のお堂では、豊頬なお顔が直接拝されたのは有り難かった。昭和三十六年完成のお堂も老朽化により取り壊され、新しい本堂と客殿が手前の一〇八段の階段とともに、令和二年六月に完成。併せて時代の荒波に翻弄されたご本尊も往時の姿に復元されている。筑波山大御堂からは関東平野が見渡せ、空気がすんだ晴天の日には遠く富士山やスカイツリーも拝むことができる。

時間があったらケーブルで山頂へ。そして筑波山全体が観音さま垂迹《すいじゃく》の聖地であることを確認したいものだ。

筑波山 大御堂
交通　電車：JRj常磐線土浦駅下車、つくばセンター行きか、経由のバスでセンターへシャトルバスに乗り換え「筑波神社前」下車　車：常磐自動車道土浦北ICから国道125号を下妻方面へ、県道14号、県道42号経由して筑波神社前の鳥居を通り寺に至る20km（40分）
駐車場　無料
宿泊施設　なし
拝観料　無料
納経時間　8:00 ～ 17:00（夏季）
9:00 ～ 16:00（冬季）
主な年中行事　2月18日：追儺式
8月18日：万灯法要

六観音さま

三十三観音札所は観音さまの三十三身応現《おうげん》の数にあわせた信仰であります。ですが白衣観《びゃくえ》音とか瀧見《たきみ》観音とか魚藍《ぎょらん》観音さまなどの「三十三観音」の信仰とは別のものであります。すなわち各札所のご本尊さまは聖・十一面・千手・馬頭・如意輪・准胝《じゅんてい》あるいは不空羂索《けんじゃく》の観音のうちの一尊をおまつりしているのです。

当寺のご本尊さまは千手観音さまです。千本の手を持っておられるわけですが、一本の手で二十五本の手を代表しているお姿もあります。この多くの手はわたしたちを幸せにしてくださるために、その人、その人に応じたいろいろな方法手段を観音さまが用意しておられるためのお姿なのです。たしかにこれだけ多くの手ですと一度に何人でも救っていただけるわけで、まことに有難いことです。

それにこの千本の手には一つずつ眼がありますので、そのどれかの眼で見守っていてくださると思うと、とても安心です。ですから拝んでいても千本の手が少しも不思議ではありません。坂東では十一面観音さまが十四ヵ寺、次いで千手観音さまが十二ヵ寺と多いのも、この千手観音さまを心から頼みにしている証拠でしょう。

第26番　南明山慈眼院《なんめいざんじがんいん》　清瀧寺《きよたきじ》（清瀧観音）

真言宗豊山派

茨城県土浦市小野1151　☎029・862・4576　〒300-4108

本尊：聖観世音菩薩　開基：行基菩薩　創立：推古天皇十五年（六〇七）

御詠歌：わが心　今より後《のち》は　にごらじな　清滝寺《きよたきでら》へ　詣《まい》る身なれば

龍ヶ峰から現在地へ

筑波山の南の裾、小高い丘の上にある清瀧寺へは石岡・北條を結ぶ道を二本松で右折し「坂東街道」と呼ばれた参道を約三キロたどることになる。または国道一二五号線よりパープルラインを目標に北へ向い、二本松の信号を直進する。参道口には札所の石標があり、やがて正面に高い石段が見えてくる。そしてその上に天保年間（一八三〇〜一八四四）に再建された仁王門が建っている。それをくぐり、やや上ると観音堂である。（常磐高速道土浦北インターより入ると約五キロ）

この寺の草創は推古天皇十五年（六〇七）勅願により聖徳太子御作の聖観音像を龍ヶ峰に安置したことにあるという。また『坂東霊場記』には「南明山清瀧寺は、筑波権現《つくばごんげん》降遊の砌《みぎ》り、行基《ぎょうき》大士草創の地なり、本尊聖観世音菩薩（御長丈六《みのたけじょうろく》）は、同じく開山大士の彫造、今

二度の不審火の後、昭和52年（1977）に再建された本堂

の堂地中興の事は、花山法皇の御叡慮なり」ともある。筑波の二柱の神が小野山に遊幸《ゆうこう》された折「頻《しき》りに渇《かつ》の心地し」天《あめ》の鉾《ほこ》をもって地を突かれたら清水が滝の如く、南北二ヵ所から湧き出たので、南の清明なる滝口に僧行基が寺を建てられたというのがその梗概である。のち「二百七十余歳を経て」花山法皇《かざんほうおう》が「かかる嶮岨《けんそ》の山頂に在っては、老若の結縁あまねく及ばず」とされ、龍ヶ峯から山の中腹に移された。その伝承は平安時代に徳一《とくいち》法師によって山の中腹(現在、古観音《ふるかんのん》と呼ぶ）に移されたというもので、観音堂の所在を示す礎石が残されている。

古代からの信仰圏

いずれにしても、この地は筑波山におけ

る古代の信仰圏内であることは確かである。それに鹿島・香取の信仰ルートにも関係深く、相当古くから文化的に開けた地域で、観音信仰の導入も早いものであったろう。「山の荘」は荘園であり、その肥沃《ひよく》な土地は古歌で知られる「小野《おの》の小牧《こまき》」、奈良時代の製鉄所跡とされる「かなくそ山」など古代の遺跡がまことに多い。

　奈良朝の頃、関東文化に現われた大きな変化は国分寺の建立であったが、それ以前においても仏教は関東の地に広く伝来していたとみるのが通説である。だから清瀧寺の『縁起』もさほど虚妄な内容ではないといえよう。さらに時代は下るが当寺よりわずか二キロ足らずの所に、延暦十五年（七九六）最仙《さいせん》上人開基の東城寺《とうじょうじ》があることは、平安初期の山岳仏

天保年間（1830 ～ 1844）に再建された仁王門

教の影響も考えられるのである。

鎌倉時代には幕府の功臣八田知家《はったともいえ》(小田氏)の保護により栄えたが、室町時代に至り永禄・元亀の頃、常総の野に繰り広げられた戦乱の兵火の中に、その堂宇と什宝を消した。だが元禄年間(一六八八〜一七〇二)本堂が再建され栄えた。しかし明治維新を境として急速に寺運は衰え「無住」の期間も相当長く大字小野の人たちが輪番でこれをささえてきた。大正十四年刊の『新治郡郷土史』に永禄・元亀の戦いの折も「時に尊体依然たり」とある如く、ご本尊さまは信徒の力で護持されてきたのであった。

ところが昭和四十四年不審火により山門のみを残し焼失してしまった。「昼火事だったが、火の勢いが強くて、気がついた時は、もうご本尊さまをお出しすることはできなかった」と村の人たちは嘆いている。昭和五十二年(一九七七)、大字小野再建委員会の尽力で立派に再建されたのは、一ヵ寺でも欠いては坂東巡礼にならぬとの尊い悲願の結晶といえよう。巡礼者は小野集落を中心とする信徒がたのご功徳を有難くうけとりたいものである。

南明山 清瀧寺

交通　電車：JR常磐線土浦駅下車、タクシー 10分　車：常磐自動車道土浦北ICから国道125号を下妻方面へ、県道199号を経由して寺に至る7km（12分）

駐車場　無料

宿泊施設　なし

拝観料　無料

納経時間　8:00 ～ 17:00（夏季）
9:00 ～ 16:00（冬季）

地元の有志の方が年中無休で、納経所奉仕を行ってくださる。

主な年中行事　9月9日：万灯法要

桃咲く里で

今もなお　人の心の変らずや
　桃咲く里の　清瀧の寺

清瀧寺住職　古幡章善

どなたかが、そっとご本尊にお供えしてゆかれた歌です。清瀧寺に参られた時、何か心に感じて帰られたのでしょう。

この寺は、近年災難が相続きましたが、多くの方々のご協力を得て、旧に増して整えることができました。

寺も、お人の暮しも、整うというのは建物だけではありません。

ご本尊にご奉仕する者一同、

「人の心の変らずや……」

という問いかけに、

「桃咲く里の清瀧寺にまたお参りください。里人の心は今も変わりありませんよ」

と申し上げられる寺であり続けたいと念願いたしております。

第27番　飯沼山《いいぬまさん》　円福寺《えんぷくじ》（飯沼観音）　真言宗

千葉県銚子市馬場町293 本坊☎0479・22・1741 観音堂23・1316 〒288-0054
本尊：十一面観世音菩薩　開基：弘法大師　創立：神亀五年（七二八）
御詠歌：このほどは　よろずのことを　飯沼《いいぬま》に　きくもならぬは　波の音かな

海中より出現の霊異

「飯沼の観音さま」「銚子の観音さま」として知られる円福寺は、利根川の河口、関東一の漁港として賑わう銚子市の中心に位置し、市街はその門前町として発展してきた。『飯沼山観世音縁起絵巻』によれば神亀五年（七二八）毎夜、海上に光を放つものがあり、浦人が怪しんでいたところ、ある漁夫に観音さまの夢告があり、世間の衆生を救いたいので汝の網によって出現したいとのこと。そこで網を投じたところ、御丈二尺余の十一面観音像が瑪瑙《めのう》石を脇ばんで出現なされたとある。その時に天から降米の奇瑞があったので「飯沼《いいぬま》」という地名がある由。

『坂東霊場記』はこのことを「石の如く罪重くして苦海に沈む衆生をもらさず浄土の岸へ救い上げんとの救世《ぐせ》の悲願を示し玉ふ」と綴っている。そしてお像を感得《かんとく》した漁夫は出家し

昭和46年（1971）に建立された大観音堂

て観音さまに仕え、「おこり除けの法師」として諸人を救ったと伝えている。のちに弘法大師が来られ、本尊の蓮華座を造られ開眼《かいげん》の秘法を修せられたという。その時、この地の海上《うなかみ》長者は大師の高徳を敬慕して、深くこの本尊さまに帰依し、私財を投じて壮麗なる堂宇を建立したというのである。

海上氏の帰依

円福寺には鎌倉から足利時代にかけての古文書が多いが、そのほとんどが海上氏関係のものである。千葉氏第五世の千葉常胤《つねたね》の六男の胤頼《たねより》が、この地にあって「東氏」を称し、その孫の胤方《たねかた》が海上の庄《しょう》を与えられて「海上氏」を名乗った。胤方の次男盛胤が正安元年（一二九九）以前に、それまで兼ねていた飯沼寺別当職を弟の長胤にゆずり、その子孫が代々寺を継いだ。康安三年（一三六三）に宗快が円福寺の住持、のちの上超・弘恵もいずれも海上氏出身である。観音堂も天正六年（一五七八）海上氏によって方《ほう》八間のものが建立され、また円福寺十ヵ坊の存在は、足利時代からこの寺が海上氏保護のもとに学山《がくさん》であったことを語るものといわれる。

なお『銚子市史』に「飯沼観音が、その撰（坂東札所としての指定）に入った理由は、鎌倉幕府に重きをなした東氏・海上氏の支持するところたるに依るのみならず、その推挙があったためかと思考される」と記しているほどに海上氏との因縁は深い。

江戸時代には十間四面の大本堂が造営された。このお堂が戦災前まで広壮な姿を見せていたのは人のよく知るところである。五千六百余坪の境内には仁王門・鐘楼・薬師堂・大師堂があり、安政二年（一八五五）刊の『利根川図志』は「境内に見世物軽わざしばい、其外茶

平成21年完成の、高さ33.55mの五重の塔

見世多く至って賑はし」とその盛況を写している。それは遠くはるばる江戸から詣で来る善男善女、それに特に航海、漁師の人たちの熱心な参詣者をはじめ、巡礼者による賑いであった。そして現在の本坊と観音堂とはもちろん、地続きであった。今は仁王門の道を右へ、大通りを横ぎって二〇〇メートルほど行くことになり、「納経」はこの本坊で受けつけている。本坊には「円福寺古記録」など古文書をはじめ、江戸の俳人・古帳庵の句碑、天保水滸伝で知られる侠客銚子の五郎蔵の墓などがある。

銚子のシンボルである観音堂の再建は、昭和四十六年に衆庶の信助によって見事に完了した。境内の「大仏」は銚子近在の人たちの喜捨で正徳元年（一七一二）に造立。平成二十一年五月には五重塔が竣工した。

蓮座に何万もの寄進者の名前の刻まれた大仏

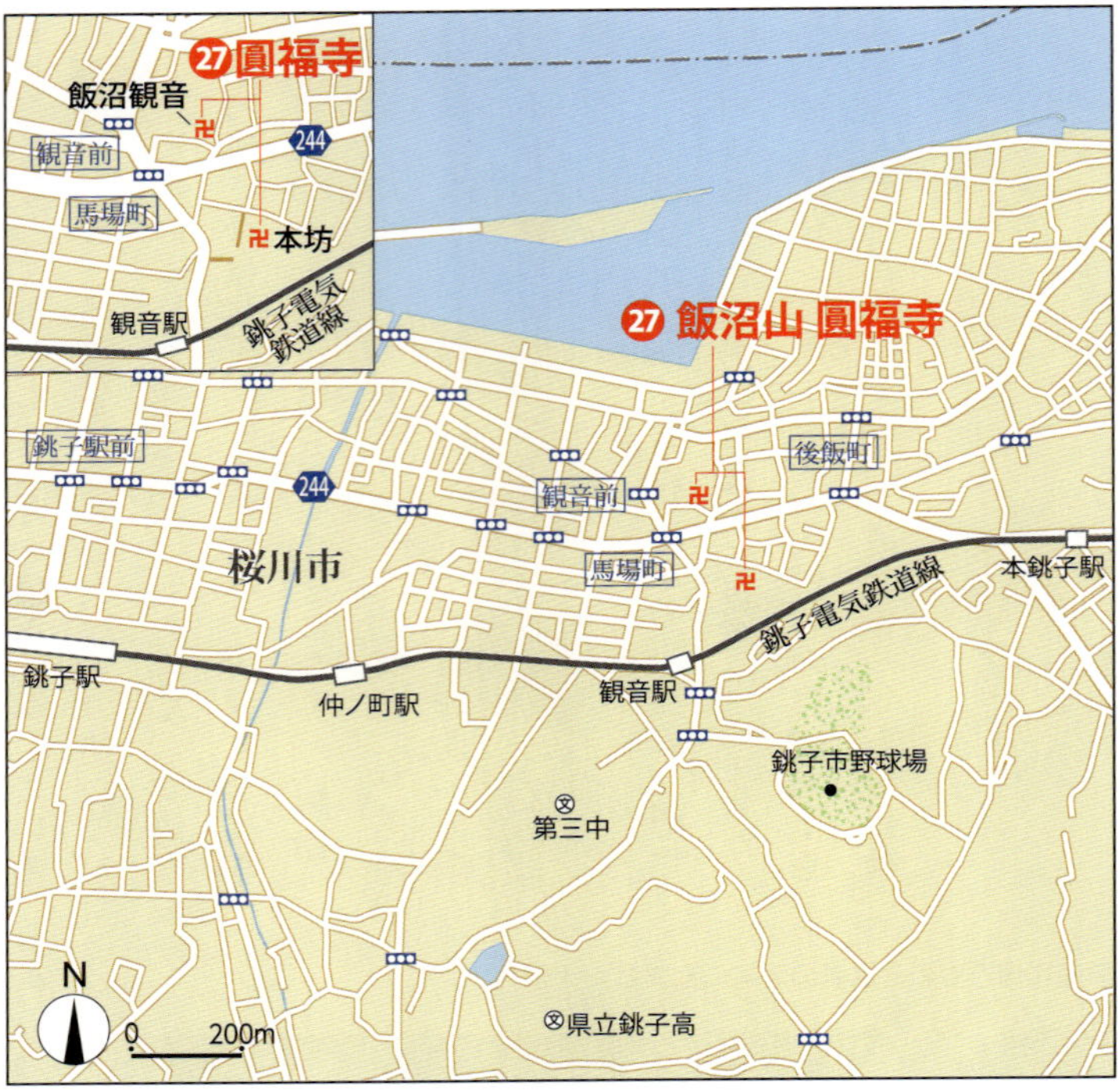

飯沼山 円福寺

交通　電車：JR総武線・成田線銚子駅下車、千葉交通バスで銚子観音下車徒歩1分　車：東関東自動車道佐原香取ICから県道55号・県道44号・県道260号・国道124号を経由して銚子大橋前信号を左に、県道37号を通り寺に至る37.3km（52分）

駐車場　無料

宿泊施設　なし

拝観料　無料

納経時間　8:00 ～ 17:00
納経は本坊で

主な年中行事　1月1日：元旦大護摩　2日～5日：新春護摩供　1月18日：初観音祈願法要　1月23日：二十三夜（勢至菩薩）初護摩供　2月3日：節分会　2月15日：釈迦涅槃会　3月18日～24日：春彼岸会　4月5日・6日：大師めぐり　4月8日：釈迦誕生会　8月1日：新盆総供養会　8月10日：四万八千日大護摩供　8月24日：新盆地蔵法会　8月28日：和田不動護摩供　9月20日～26日：秋彼岸会　12月18日：納め観音祈願法要12月31日：除夜の鐘

銚子の観音様

円福寺住職　平幡照正

飯沼観音は利根川河口、関東最東端の中心に位置し、銚子市は飯沼観音仁王門より門前町として形成され発展し、町の人々は銚子の観音様と呼び親しまれてきました。

昔から現在に至るまで、この銚子の観音様（十一面観音）をお参りし願いが叶った方の話を聞きますと、病気が良くなった、子供が無事安産で誕生した、寿命が延びた、事故に遭わずに済んだ、家庭や仕事でのイライラする事が減ったことなど、様々な喜びの声を聞きます。

観音様の功徳は広大無辺にして大難、小難をよく払い皆様の苦厄を救ってくれる菩薩様です。

どうぞ、当山では朝六時から十七時まで一年を通しいつでも気軽に誰もがご本尊様とご縁が結べるように、本堂の扉を開放しておりますので「心の喜び、苦しみ、悲しみ、怒り、病気、怪我」といった心の置き所を銚子の観音様に置き、功徳を戴いてみては如何でしょうか。

飯沼観音は古来より檀信健勝、病気平癒、家運長久、息災延命、福寿増長、子授け安産など諸々の善願成就することを、谷の響きに応ずるが如し、と尊信されています。

第28番　滑河山《なめかわさん》　龍正院《りゅうしょういん》（滑河《なめかわ》観音）　天台宗

千葉県成田市滑川1196　☎0476・96・0217　〒289-0125
本尊：十一面観世音菩薩　開基：慈覚大師　創立：承和五年（八三八）
御詠歌：音《おと》にきく　滑河寺《なめかわでら》の　朝日ケ渕《けさがふち》　あみ衣《ころも》にて　すくふなりけり

成田市の北東にある旧下総町は古くは利根川の舟運で栄えた地。その滑河にあるのが龍正院である。現存の永正十三年（一五一六）鋳造の鰐口《わにぐち》に「下総州行河山勝福寺」とあるので、そのようにいわれている時もあったようだ。承和五年（八三八）滑河の城主小田宰相将治《まさはる》の発願により、慈覚大師が開基となっている。

慈覚《じかく》大師の開基

のちに大師の高弟修円《しゅうえん》が伽藍《がらん》を整えたが、特に将治の帰依入門により常行三昧堂《じょうぎょうざんまいどう》を構え、自ら導師となって所領の男女を集め、昼夜にわたって行法《ぎょうぼう》を修せしめたという。まさに天台宗門の古刹であり、その供料に香取一郡四十八ヵ村が当てられたという。これはのちのことではあるが、江戸時代には天海《てんかい》大僧正が東叡山寛永寺の末寺となるよう「下知状《げちじょう》」（現存）を下している。

五代将軍綱吉が大檀那となり、信徒一同により再営された観音堂

まず大きな注連縄《しめなわ》がかかる仁王門をくぐるが、この仁王尊は享保年間（一七一六〜一七三六）門前に火災があった時、観音堂の屋根から大きな扇で火焔をあおぎかえし、本堂から下《しも》の集落は焼失をまぬがれたという伝説の主である。それより火伏《ひぶせ》の仁王尊としての信仰があつく、毎年正月八日に火災をまぬかれた下《しも》の集落の人々によって注連飾《かざり》が奉納される。

中央一間《ひとま》を入口とし、両脇に疎連子《まだられんじ》を付し、仁王尊を安置した寄棟《よせむね》造りの構えは実にどっしりとしている。この八脚四柱の門は飛騨《ひだ》の大隅の意匠、永仁六年（一二九八）に再建された室町時代の貴重な遺構で、重要文化財の指定を受けている。柱は一見、円柱《えんちゅう》のようだが、実は十六角、それだけに

毎年正月8日に奉納される大注連縄がかかる仁王門（重要文化財）

素朴さがあふれている。

小田将治と朝日姫

寺の『縁起』には、その昔、五月というのに冷害で大凶作、住民が困ったので領主の将治が仏天《ぶってん》にご加護を祈ったところ、その結願の日に「朝日姫」と名乗る少女に逢い、「汝の願いはかなうべし」と小田川辺に案内して忽然と姿を消した。あたりを見ると老僧が船を浮かべ、川から一寸二分の観音像を掬《すく》いあげて将治に与え、「この淵より湧く乳水をなめよ」と教えた。これが嘗河《なめかわ》―滑河の地名の由来だが、そのお告げのとおりにすると、領民の病も、穀物の実りも回復したとある。この観音さまご出現の霊地は、龍正院から三〇〇メートルほどの所で「観音応現碑」が建てられている。

建保四年（一二一六）折からの暴風雨で本堂・護摩堂・三重塔・鐘楼などを失ったが、現在の朱塗り方五間、入母屋造りの観音堂は元禄九年（一六九六）弁海《べんかい》法印の代に五代将軍綱吉《つなよし》が大檀那《だいだんな》となって、名主の根本太右衛門ら信徒一同によって再営されたものである。

内陣の大きな厨子は定朝《じょうちょう》作と伝える一丈二尺の本尊（示現像は胎内に納める）のものだけに立派な造り。そして不動・毘沙門の両像が脇に立ち給い、まことに荘厳な道場といえる。外陣は虹梁《こうりょう》を架して大きな空間がつくられており、それだけゆったりとした気持で参拝できるようになっている。

江戸期奉納の多くの「巡礼額」に昔からの寺門の繁栄を知る。昭和四十三年に大修理が完了した。安産子育、延命開運の祈願に詣でる人が多い。昔は二十六番から土浦を経て利根川まで辿り、渡し舟で龍正院へ詣で、そして逆打ちで二十七番へ向う巡礼も多かったという。ここはかつては「木下茶船」や「三社詣で」の客船も寄った所であり、それも巡礼に利用されたことだろう。

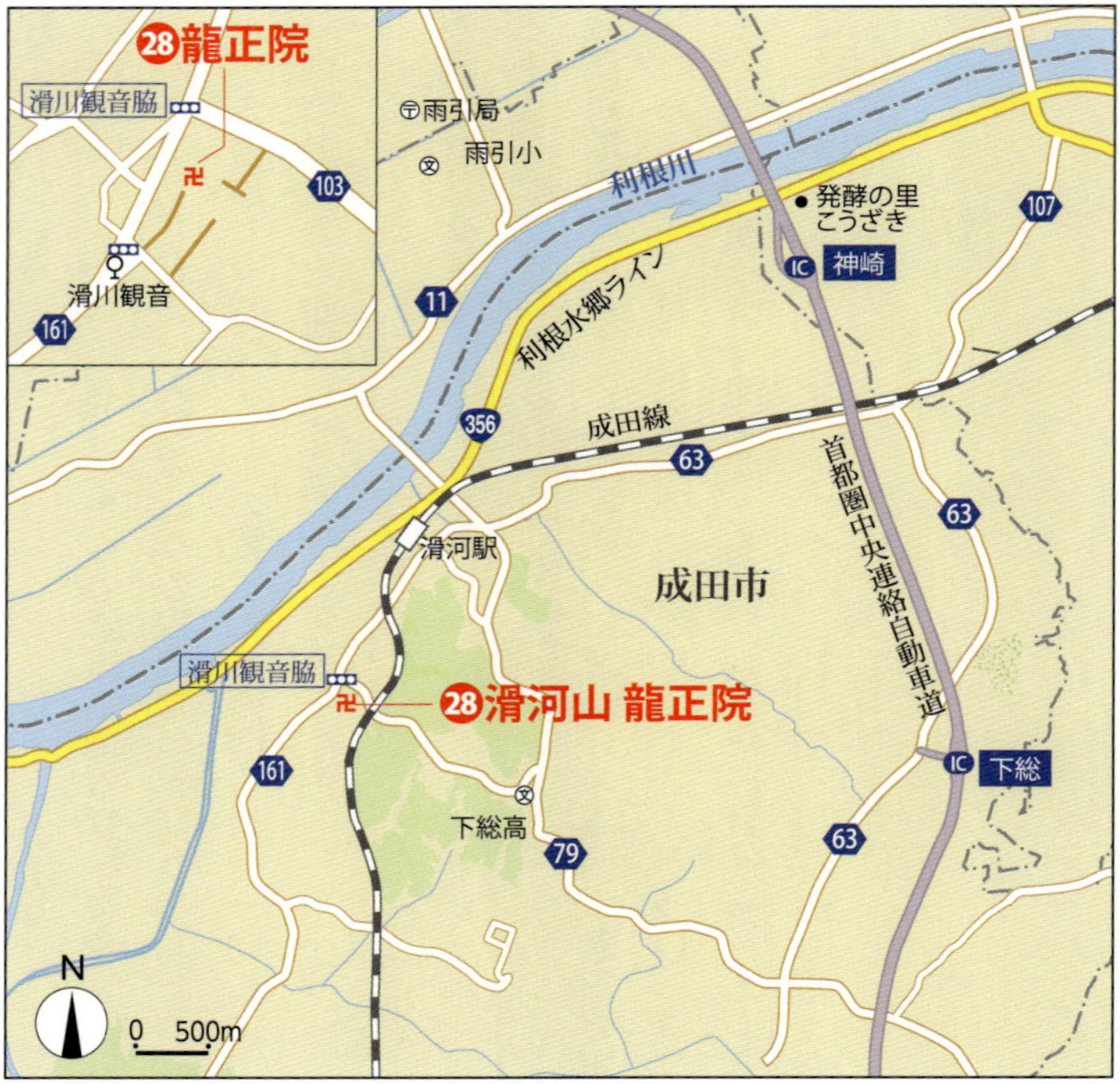

滑河山 龍正院

交通　電車：JR成田線滑河駅下車、駅前十字路を右へ、徒歩17分（1.4キロ）　圏央道下総ICを出て左折、県道63号線に入り1.1キロ先信号を右折、2.6キロ先下総高校前信号を直進、県道103号線に入り1.9キロで寺に至る

駐車場　無料

宿泊施設　なし

拝観料　無料

納経時間　8:00 ～ 17:00（夏季）
9:00 ～ 16:00（冬季）

主な年中行事　1月1日：元旦初祈祷　1月8日：初仁王・〆縄かざり　2月3日：節分会　3月20日：春彼岸会　4月8日：灌佛会　8月10日：四万八千日　8月19日：施餓鬼会　11月18日：秋の大祭

境内にてあれこれ

龍正院住職

ようこそ滑河観音へお参りくださいました。当山も栄枯盛衰の歴史を繰り返しながら現在に至っておりますが、ありがたいことに、観音様は昔と変わらぬままおいでになります。お参りの皆様には、目に映るものの奥に、観音様と観音様を護ってきたそれぞれの時代の人々に想いを馳せていただけたら、随分と広がりのあるお参りになると思うのですがいかがでしょうか。

例えば、天災で疲弊している人々、子授けを願う女人、病気平癒を祈る人の沈痛な願いの姿もあれば、銚子とお江戸を結ぶ海運の賑やかさをまとってお参りする商人たち、実りの秋を感謝するお百姓さん。様々な人が訪れたでしょう。また、いつの時代にも寺と観音様を護り続けてきた土地の人の信仰心にも思いを寄せてください。砂糖の統制下、仁王様の好物のぼた餅を作り供えてきた人々、秋に収穫した稲わらで正月に注連縄を奉納してきた人々、観音様への感謝を忘れることなくこの寺を護ってきた人々です。時を経て成田空港の騒音直下、門前一帯は避難区域になるやもしれぬという時代。『それでも、私はここで人々を待っている』という観音様の覚悟のお声を聞くとき、私はたいへん勿体なく忝なく思い、これまで護り抜いてきた土地の人々の心に感謝するのです。どうぞ、あれこれ想いをめぐらせながら、ご自分と観音様との出会いを大切にしていただきたいと思います。

第29番　海上山《かいじょうざん》　千葉寺《せんようじ》（千葉寺）

真言宗豊山派

千葉市中央区千葉寺町161　☎043・261・3723　〒260-0844

本尊：十一面観世音菩薩　開基：行基菩薩　創立：和銅二年（七〇九）

御詠歌：千葉寺《ちばでら》へ　詣《まい》る吾《わ》が身《み》も　たのもしや　岸うつ波に　船ぞうかぶる

僧行基の巡錫と瑞蓮

千葉市の中心部を抜けて大網街道沿いの一角に広い境内をもつのが千葉寺。天保十二年（一八四二）に再建された単層入母屋《たんそういりもや》造りの山門を入ると、開創の時に植えたと伝えられる銀杏《いちょう》の老樹が目につく。今では千葉寺の象徴で、県指定天然記念物でもある。

『千葉寺縁起』によれば和銅二年（七〇九）僧行基《ぎょうき》がこの地に来られ「池の中に茎一本に花二つ開き、千葉の青蓮華あり、其の花の中に弥陀如来《みだにょらい》、観音大士《だいじ》の二尊並びましまして説法し玉ふ」という瑞蓮《せんよう》を見て、丈六の観音像を刻み奉安したのに、この寺は始まるという。

そして聖武天皇の勅諚《ちょくじょう》により海照山（現在は海上山）千葉寺と称した。やがてご本尊の霊力によって十八間四面の観音堂が建立され、繁栄を示した。ところが永暦元年（一一六〇）落雷のため諸堂及び霊宝のすべてを焼失してしまった。だが本尊は近くの桜の木の枝に難を

1976年の再建になる本堂

避けられた。このことがあって「奇なるかな、本尊の開帳には必ず花の咲くこと時節にかかはらず」（坂東霊場記）との奇瑞かあるとか。この時に寺の位置が移動したというが、現在地から奈良時代の古瓦が出土するので千葉寺は創建以来、場所は変わらなかったと推考されている。

戦前戦後の数次に及ぶ発掘および考古学的な調査によると布目瓦《ぬのめがわら》などの様式からして、奈良時代後期には現在地に堂宇が建てられていたことが判明した。そして千葉寺伽藍《がらん》の主要をなしたのは金堂《こんどう》であり、そのほか南大門、東大門、西大門、講堂の存在が確かめられている。

千葉氏の祈願所

中世には、この地に勢力を張り、源頼朝の鎌倉幕府創設に大きな力を与えた豪族千葉氏の祈願所として栄え、源家を再興し得たのはひとえにこの観音さまの冥助《めいじょ》なりと、頼朝は千葉常胤《つねたね》に命じて「運慶《うんけい》」作の愛染明王《あいぜんみょうおう》像を寄進している。永禄十一年（一五六八）胤《たね》富《とみ》は海上郡を永代寄進し（寄進状現存）、第十四世空山《くうざん》上人と共に中興した。しかし豊臣秀吉の小田原攻めの際に北條氏と共に千葉氏は滅亡した。それはそのまま千葉寺の衰運につながった。のちに天正十八年（一五九〇）徳川家康が朱印百石を寄せ、二代将軍秀忠の参詣も再度にわたり、元和九年（一六二三）に観音堂が新築された。この将軍家とのゆかりによって大いに寺格を高めたが、惜しいかな、元禄・文化・嘉永と火災が続き、堂舎什

天保12年（1841）に再建された仁王門

宝を失った。

しかし、そのつど近隣への勧進をはじめ、江戸へご本尊の出開帳を催すなどして、浄財を集め再興している。文政十一年（一八二八）建立の広壮な構えで知られた観音堂は昭和二十年の戦災で失われた。だが昭和五十一年（一九七六）に立派なお堂が再建されたことは、まことに慶賀に堪えない。

蘇我方面から東進して千葉寺へ参る道、これを現在も稲荷町あたりでは「巡礼街道」と呼んでおり、現存の寛延五年（一七五二）の供養塔や宝暦四年（一七五四）の庚申塔《こうしん》にも「ちばてらみち」（他所にあったものが、今は境内に移されている）と刻まれており、江戸、房総、東金、大多喜、佐倉の諸街道は、札所の順序にかまわずに千葉寺へ歩をはこぶ巡礼者で賑わったことが想像できる。だが明治初年には年貢米《ねんぐまい》もないという窮状「無住」の寺ともなった。明治三十一年、義栄法印が「保存講」をつくり、そして孤峯法印の代に至って法灯は再び輝き、今日の隆昌を見ている。千葉笑いの奇習、千葉の戻り鐘の奇譚、国指定重要文化財の六角釣灯籠《とうろう》が寺史を彩っている。

海上山 千葉寺

交通　電車：京成千原線千葉寺駅下車、徒歩７分　JR総武線千葉駅下車、東口バスターミナル２番よりバスにて千葉寺下車、すぐ　車：京葉道路松ヶ丘ICを出て西へ、約3分（0.5キロ）

駐車場　無料

宿泊施設　なし

拝観料　無料

納経時間　8:00 ～ 17:00（夏季）
9:00 ～ 16:00（冬季）

主な年中行事　1月1日：暁天観音大護摩　1月21日：初大師大護摩　5月21日：大師大護摩　9月21日：観音大護摩　12月：除夜の鐘・小児虫封じ

観音さまと私

千葉寺住職　藤澤妙孝

和銅二年（七〇九）行基菩薩による開基とされ、約千三百年余りの歴史を刻んだ千葉寺ですが、寺の歩んだ道は決して平坦なものではありませんでした。明治維新後、一時無住の寺になったことさえあります。その荒れ寺を今日の姿に再興された前住職藤澤利恭から、引き継がざるを得なかった私は、常に御本尊の観音様におすがりしながら今日に至っております。

坂東札所千葉寺への巡礼道について、正徳年中の『坂東霊場記』の霊験譚に、三十数名が江戸鐵砲洲を出帆して下総国に向かった折に難破して多くが溺れ死にますが、十四番札所・弘明寺を納めた千葉寺への巡礼者一人が死を逃れます。観音様の大悲がこの難をお救い下さったのだと書かれています。

因があり果があると申します。私の現在の立場も、御仏のお導きであると、ありがたく承り、観音様におすがりしながら、日々精進させていただく所存でございます。

合　掌

第30番　平野山《へいやさん》　髙藏寺《こうぞうじ》（高倉観音《たかくらかんのん》）

真言宗豊山派

千葉県木更津市矢那1245　☎0438・52・2675　〒292-0812
本尊：正観世音菩薩　開基：徳義上人　創立：不詳（用明天皇の代）
御詠歌：はるばると　登りて拝む　高倉や　富士にうつろう　阿娑婆《あさば》なるらん

木更津太田山にある「金鈴塚《きんれいづか》」の遺物保存館から旧鎌足《かまたり》村高倉（矢那）へ約九キロの一本道、山峡の集落を抜ける頃、左手に木立ちの茂る山が見えてくる。髙藏寺、通称「高倉観音《たかくらかんのん》」である。案内の看板に従い登ってみると、樅《もみ》や杉の巨木が茂り合い、歴史の古さを思わせる寺である。

徳義《とくぎ》上人の感得

用明天皇の御代、徳義上人がこの地において観音の宝号を唱えること一日に数千遍の修行をつんでおられたが、ある日雷光しきりにおこり、鳴動してやまなかった。里民はまさに変化《へんげ》のしわざと恐れをなしたが、上人はこれを妙縁として一人山中に籠られた。

雷光の激しさを不思議に思っていると、一人の老翁が現われ、「上人よ、当山に草舎を結び、永く国土を守護し、衆生済度のため観音飛来し給えり」と古木を指さして、忽然と消えた。

室町時代の再建となる高床式の本堂

上人が感動のうちにその梢をみると、そこに四寸ほどのお身丈の観音像が安置されていたので、里民と共に堂宇を建立して祀ったと当山の『縁起』が、その草創を語っている。木の梢から観音さまが現われるという話に、日本仏教が単に抽象的な学問でなく、野性的なエネルギーをもっていることが知られて興味深いと学者はいう。「隣里郷党の者、尊信せざるなし」とご本尊への在地の人たちの深い帰依を『縁起』は記しているが、まず観音さまの霊験は矢那郷の猪長官《いのうちょうかん》に現われた。

四十歳になっても子のないのを嘆いた長官が、この観音さまに百日参拝の願《がん》をかけ祈ったところ一女を授けられた。長官は大いに喜び、子与観《しよかん》と名づけた。子与観は心

江戸時代に再建された仁王門

清く、親切ですばらしい娘になったが、器量《きりよう》があまり良くないので二十歳を過ぎても良縁がなく困っていた。そこで再び観音さまにお祈りして願ったところ、ある夜「鹿島《かしま》へ行きて日天を拝せよ」とのお告げをいただき、そのとおりにして結婚、めでたく男子を得たが、これぞ藤原氏の祖「藤原鎌足《ふじわらかまたり》」であったという。

「鎌足公観音の弘誓を崇敬し……白雉庚戌七月廿三日を以て七間四面の本堂、五間四面の阿弥陀堂、三層の塔、輪蔵、鐘楼、仁王堂」(縁起)を建立し報謝し奉ったという。のちに僧行基《ぎようき》が丈余の観音像を彫み、その頭部内に梢で感得の尊像を納めて本尊とした。貞観年間(八五九〜七七)には慈覚《じかく》大師が不動・毘沙門の両像を納めたともいう。

高床式建物の本堂

この髙藏寺の本堂は、独特な高床式の構造である。室町時代に再建された建造物で重層入母屋造りで床柱数八十八本、床の高さ二・三メートルの堂々とした造りは床下を人が立って歩ける。この独特の高床式を活かし平成十一年春、本堂屋根等大修復を機会にこれまで秘仏とされていた本尊様の正観世音菩薩（樟木一木彫、身丈約三・六メートル）の全身を床下から常時拝観できるようになり、本尊の御足のまわりに新たに「観音浄土界の間」「地獄界巡りの間」「極楽界巡りの間」を設け、堂内に祀られていた西国、坂東、秩父霊場の写し観音百体も遷座《せんざ》され見応えがある。床下壁面に地元墨彩画家による「観音浄土界・地獄極楽絵図（全長約五十メートル）」は、子供からお年寄りまで誰にでも仏教の教えを一目で理解でき、親しめるものである。主人公の狸と河童がまさに地獄に堕ちようとしているところを観音巡礼により観音様に尊かれ、極楽浄土に無事にたどり着くという物語が二十八枚の絵で表されている。

平野山 高蔵寺

交通　電車：JR内房線木更津駅下車、東口２番より日東バス草敷・高倉線（⑤番線）にて「高倉観音下」下車、徒歩10分　車：館山自動車道木更津北ICを出てかずさアカデミアパーク方面へ、約10分

駐車場　無料

宿泊施設　なし

拝観料　無料（観音浄土巡り：大人300円、小人100円）

納経時間　8:00 ～ 17:00（観音浄土巡り：9:00 ～ 16:00）

主な年中行事　12月31日 ～ 1月1日：除夜の鐘　2月3日：節分会　春分の日：春彼岸法要　8月18日：観音大祭　8月24日：施餓鬼会　秋分の日：秋彼岸会

観音信仰＝極楽生活

高藏寺住職　宮寺光明

最近は車で来られる方が多くなりましたので駐車場を設けましたが、ちょうど手頃なのでしょうか、いわゆる暴走族と思われる若者もよくやって来ます。初めは困ったことだと見ておりましたが、お正月にこの者たちが服装を正して観音さまにお参りに来ました。その神妙な姿を見て、やはりこの人たちも心のどこかによりどころを求めているのだなあ、と感じ入りました。

観音さまは本堂やお厨子の中に安置してありますが、実は私たちのこの世界におられるのです。道を歩いている時、急に自動車が来たら、近くにいる人が「危い」と注意してくださる、それが観音さまのお姿でありお声です。この慈悲の心が観音さまです。観音さまはこの実社会の中に方便をもって現われ、法を説いておられます。こう思うと、誰の言うことも観音さまの声だからよく聞かなければならないということがわかります。ここに気づくことが極楽に入ったことになるのです。周囲に観音さまがおられるのだから悪いことや災難は一切逃れることができるのです。金持ちも貧しい人も、みなこの身このまま観音さまのお膝に乗って安楽に暮らすことができます。こうなったら立腹も喧嘩もすることなく、このまま極楽生活になる—これが観音信仰です。

先生に連れられて来た幼稚園の子供たちが、きちんと手を合わせている姿をよく見かけます。「ああ勿体ない」と思う次第です。

第31番　大悲山《だいひざん》　笠森寺《かさもりじ》（笠森観音）　天台宗

千葉県長生郡長南町笠森302　☎0475・46・0536　〒297-0125

本尊：十一面観世音菩薩　開基：伝教大師　創立：延暦三年（七八四）

御詠歌：日はくるる　雨はふる野の　道すがら　かかる旅路《たびじ》を　たのむかさもり

伝教大師の開基

札所を順番どおり巡ってくると、この笠森寺に詣でる頃には、あと二ヵ寺を残すのみとなり、誰でも何かしら気が引き締まると共に安堵《あんど》の心を抱くもの。この霊場には樹齢何百年の杉や楠が亭々としてそびえ、この恵まれた自然環境に巡礼者の法悦は一層深まる。外房《そとぼう》線の茂原から車で三十分、バス停から数分歩くと参道だが、駐車場脇の「女人坂」の道標に沿って右に折れ、山上へとたどる方が容易。

しばらく行くと「子授けの楠」があり、これをくぐり抜けると子宝に恵まれるという。いかにも庶民に親しまれている霊場の発想として、ほほえましいものである。やがて「男坂」と合流、さらに登りつめると二天門、それを入ると境内の景観は一変する。あの有名な四方懸崖造りの本堂が、もうそこから間近く拝されるからである。これが二代目広重《ひろしげ》の「諸国名所百景」の錦絵にも画かれたお堂である。

寺伝によれば延暦三年（七八四）伝教大師《でんぎょうだいし》が東国巡錫《じゅんしゃく》の折、尾野上の山頂に霊光を拝され、楠の根がたに十一面観音像を感得、楠の木で七尺六寸の尊像を刻み、開基になられたという。「光明と楠との縁をとりて大悲山楠光院と題し給へり」と『縁起』にみえている。楠の木で仏像が造られたという縁起を語る寺は、きまってその創建が古いといわれている。ここもその例にならう古刹である。

日本唯一の四方懸崖造りの観音堂

天下の奇構

長元元年（一〇二八）後一条天皇の勅命で飛騨《ひだ》の工匠一条康頼《やすより》と堀川友成《ともなり》が棟梁となって舞台造りの本堂を建てた。だが焼失。現在のものは近年の解体修理の際、安土桃山時代の年号の墨書銘が発見されたので、その頃の再建ではないかといわれている。岩丘の上に縦横に架け組まれた束柱《つかばしら》の配列が生む構成美に、木匠のなみなみならぬ腕のさえが感じられる。

靴をぬぎ七十余段を登ると本堂の廻廊に出る。ここは高さ三十メートル。眺めはまことにすばらしい。このあたりは房総半島の内陸部丘陵地にあたるので、もともと人家は少ないが見渡す限り一軒だに目にとまらぬ大自然そのままの風光である。この本尊のいます主殿とそれをめぐる廻廊とからなる観音堂に身を置く参詣者は、雲上の浄土にある感を抱かずにはおれない。土地の古老の話では九十九里方面からこの本堂前の杉の梢に「龍灯《りゅうとう》」が見られるという。まさに神秘の世界でもある。

堂内に入るとお手綱《てづな》に良縁の願いをこめた

くぐり抜けると子宝に恵まれるという「子授けの楠」

ハンカチや手拭いがどっさり結びつけられており、ご本尊の利生《りしょう》の豊かさが知られる。このご本尊は十一面観音としてはめずらしく四臂《しひ》のお像であり、背面腰部に室町時代の仏師慶賛《けい》が応永十三年（一四〇六）彫造したとの墨書がある。楠の一木《いちぼく》式寄木《よせぎ》造りであり、この尊に対する地元の人々の信仰がいかに深いかは、ここでは楠の木を神聖視して小枝ですらたき木にしないとか。

岩の上に錫杖をもってお立ちになっているのは大和長谷寺系統のお姿といえよう。本堂の片隅に「日蓮上人参籠《さんろう》の間」があり、墨田五郎時光との対面がここで行なわれ、その時、墨田五郎が最初の信徒になったと伝えている。『縁起』によれば、この観世音を信じていた美しい娘が宮中の后に選ばれ、報恩に伽藍を建てたという。また天正・文禄・慶長・元和・寛永などの「巡礼札」が残されており、なかでも天正十年（一五八二）同十三年のものは坂東札所の貴重な史料である。

大悲山 笠森寺

交通　電車：JR外房線茂原駅下車、南口より小湊鉄道バス牛久駅行きで「笠森」下車、徒歩7分　車：圏央道茂原長南ICを出て国道409号線千田交差点を左に案内板を目印に、約10分

駐車場　50台（無料）

宿泊施設　なし

拝観料　大人200円、小人100円

納経時間

(4月～ 9月) 8:00 ～ 16:30
(10月～ 3月) 8:00 ～ 16:00

主な年中行事　1月1日：修正会　2月3日：節分会追儺式　4月8日：灌仏会　12月31日：除夜法要　12月31日：除夜の鐘　毎月17・18日：大般若会

観音さまのお心を自らの心に……

観音さまは仏の位にありながら、仏になってしまうと衆生を救えないということであえて菩薩となっていらっしゃいます。巡礼をされる方々は、この観音さまのお心を自らの心とするように心掛けてほしい。菩薩の道とは一言でいえば「上求下化」ということで、自分は常に道を求めながらそのことによって下を教化する、ということです。ですから、せっかく札所巡りを発心されたからには、姿形だけ白く清浄にするだけでなく、心から清浄になってほしいと思うわけです。

笠森寺は草深い山の中で何もないところですが、何か心を洗われるものがあるはずです。そのような場所であってほしいと願えばこそみんなが信仰して観音さまをお守りしております。私自身も三百六十五日お供え物とお花を切らしたことはありません。街なかでは当り前のことが、この山中ではなかなか難しいことです。観音さまは生きていらっしゃると思うので、外出した折には必ず観音さまにお土産を買ってまいります。自分が何かお願いするのに何も差し上げないわけにはいかないという気持ちからで、山寺の一和尚が一生懸命に生きている姿を、日々観音さまにご覧いただいているつもりです。

読経の終わりを「願わくはこの経の功徳をもって遍く一切に及ぼし、我らと衆生とみな仏道を成ぜんことを」と結びますが、拙いお経でどうか衆生が救われますように、と願うが故です。

第32番　音羽山《おとわさん》　清水寺《きよみずでら》（清水観音）　天台宗

千葉県いすみ市岬町鴨根1270　☎0470・87・3360　〒299-4624
本尊：千手観世音菩薩　開基：慈覚大師　創立：大同二年（八〇七）
御詠歌：濁《にご》るとも　千尋《ちひろ》の底《そこ》は　澄《す》みにけり　清水寺《きよみずでら》に　結《むす》ぶ閼伽桶《あかおけ》

四天門のすばらしい建築美

外房海岸の夷隅川の河口に位置する岬町《みさきちょう》から少し内陸部に入った鴨根の山あい、あたりが京都の音羽山に似ているといわれる所に清水寺がある。表坂、仁王門まで二〇〇メートルと書かれた標柱から参道を上るが、その傍の小さな地蔵堂に「霊験昭々《れいげんしょうしょう》」の扁額がかけられている。江戸時代の医僧田丸健良が「終日、日の影を見ず、寂々寥々として自ら菩提心《ぼだいしん》も起るべき境内なり」という如く、この参道は霊験所らしい雰囲気を保っている。

登りつめると平坦な境内に出るが、正面に平成五年に再建された仁王門、奥まって四天門がのぞまれる。銅柿葺《こけら》き、重層入母屋《いりもや》造《づく》り、正面唐破風《からはふ》付の仰ぎ見るような楼門、二層に勾欄《こうらん》をめぐらし「音羽山」の扁額をかかげる四天門、文政五年（一八二二）に重建されたものだが、美しい曲線を描く桃山期風の花頭窓《かとうまど》などまさに完成された建築美である。ここには

文化14年（1817）に再建された観音堂

本尊千手観世音の眷属《けんぞく》である風雷《ふうらい》二神が祀られている。

この門を入ると左手に奥の院、右手に百体観音堂、閻魔堂、さらに石段を上ると観音堂と鐘楼、実に整然たる伽藍配置である。観音堂は浜椽《はまえん》の擬宝珠《ぎぼし》を見ると「文化十四年丑年七月奉再建、別当卅一世占海代」の銘があり、これによって文化十年（一八一三）仁王門だけを残して諸堂が焼失した後の重建であることがわかる。因みに占海《せんかい》は『天台《てんだい》大師和讃』に註《ちゅう》を付した学僧でもある。

八間四面、江戸期建築の粋を集めた立派なお堂である。ご本尊奉安の厨子《ずし》は初層が寄棟《よせむね》、上層は入母屋造り、組み物は唐様《からよう》三手先《てさき》《み》、いたる所に花鳥、龍、獅子の透《すか》し彫

文化５年（1822）建立の四天門。風神・雷神を祀る

りを取りつけた豪華なもの。また二十八部衆の木彫像が奉安されている。

西国、坂東、秩父の百観音巡礼の結願は庶民の夢であったが、その実現はむずかしかった。「うつし霊場」はこの要求から生まれた。ここの百体観音堂もいかに多くの人たちの願いにこたえてきたことであろうか。

伝教《でんぎょう》・慈覚《じかく》両大師とのゆかり

寺伝によれば延暦年間（七八二～八〇六）伝教大師が天台の教えを東国に弘めようとこの地に来られたが、難路のため迷っていると熊野《くまの》権現《ごんげん》が樵夫《きこり》に化して案内したのを縁として草庵を結んだ。時に夜ごと金沢谷から放光の奇瑞があり、そこから観音像を感得したが、勅命により比叡山に帰られた。のちに大同二年（八〇七）慈覚大師が師の志をつぎ、楠をもって千手観音像を刻み、坂上田村麻呂が堂宇を建立して祀ったという。田村麻呂の子孫が関東に土着したという伝えもあるので、興味深い寺伝である。

『坂東霊場記』はこのことを「上総国夷隅郡鴨根村、音羽山清水寺、熊野権現垂跡《すいじゃく》の所、円通《えんつう》大士影向《ようごう》の山なり、本尊の彫造、道場の開基は伝教大師の発願、慈覚大師の勲功なり」と記している。京都の清水寺、兵庫御嶽の清水寺と共に、わが国における清水三観音として知られるだけに、本堂東側の廻廊からの風光は絶佳《ぜっか》である。

本堂外陣《げじん》の長押《なげし》には幕末頃に奉納された鵺《ぬえ》退治や錣《しころ》引きといった有名な物語を描いた「大絵馬《えま》」をはじめ多くの絵馬が所せましとかけられており、そのなかでも漁師たちが豊漁を祈ってあげたものなど、この寺が海に近いことを知らせる。

本堂前の「千尋《ちひろ》の池」は夏でも涸《か》れない霊水、寺名の由来を示す。また黄銅製の大茶釜が据えられているが、四万六千日の縁日などに参拝者のお接待に使われるという。お接待、そこには施す者と受ける者との心の通いがある。この釜を見ると、いつも信仰の世界の有難さを思うのである。

音羽山 清水寺

通　電車：JR外房線長者町駅下車、徒歩50分、又はタクシーで7分（1台のみ）　JR外房線大原駅下車、タクシーで15分　車：国道128号線からは、岬町江場土の信号を西へ県道152号線を進み岬町長者の信号を左に県道154号線を案内板を目印に約5キロ（10分）国道465号線からは、国分台三叉路を東へ県道154号線を進み、案内板を目印に約4キロ（10分）

駐車場　無料

宿泊施設　なし

拝観料　無料

納経時間　8:00 ～ 17:00

主な年中行事　1月1日～3日：初詣　1月17日：初観音・大護摩供　4月8日：花祭り　8月9日：四万六千日　8月17日：観音縁日　12月17日：納めの観音　12月31日：除夜の鐘

景清身代り観音

清水寺住職　井上享海

当山にはよく知られた千手、十一面の両観世音のほかに、景清身代わり観世音が安置されています。お名前のみでその由来などあまり知られておりませんが、由緒あるお像です。

御名の因となった平景清は、上総国布施の産、笠松右衛門景高の息で、伯父大日坊殺害のため悪の一字を冠せられ悪七兵衛景清と呼ばれた平家の勇者でした。弱年より観世音を信仰し、日夜誦経を怠らなかったと申します。

源平の戦に平氏は敗れ、景清虜となって三尺の詰牢に押しこまれましたが、信心いよいよ強くお経を念じて怠ることとありませんでした。時に「景清の首打って直見に仰えよ」との頼朝公の仰せあり、御前に差し出されたその首を頼朝公がご覧じなされると、こはいかに景清の首にあらず、勿体なくも観世音の御首でございました。頼朝公大いに驚かれ、「景清や如何に」と尋ねれば、景清牢中にて一心に経を唱えていたということでございます。かくて、悪七兵衛景清、日頃信心せし観世音の宏大なるお慈悲により、この身を解き放たれたのでございました。

ただいま当山にございます身代り観世音像は、この時のままの御首と両の御手のみのお姿ながら、なおも優しい笑みを浮かべて広く衆生をご覧になっておられます。あまりにおいたわしいお姿なので、ただいまは秘仏として厨子にお納めし、非公開とさせていただいております。

第33番　補陀洛山《ふだらくさん》　那古寺《なごじ》（那古観音）

真言宗智山派

千葉県館山市那古1125　☎0470・27・2444　〒294-0055
本尊：千手観世音菩薩　開基：行基菩薩　創立：養老元年（七一七）
御詠歌：補陀洛《ふだらく》は　よそにはあらじ　那古《なご》の寺《てら》　岸うつ波《なみ》を　見るにつけても

観音補陀洛浄土《ふだらくじょうど》

坂東三十三札所の「総納札所」である那古寺は、房総半島南端の館山市、その市街から少しはずれた那古山の中腹にある。この山はスダシイ、タブノキ、ヤブニッケイ、ヤブツバキ、ヒメユズリ混生の自然林におおわれている。『那古寺縁起』に「この山は是れ補陀洛山と称すべし、而して観音影向《ようごう》の地なり」とあるとおり、鏡ヵ浦を俯瞰《ふかん》し、海上の交通者を守りたもう観音さまのお住まいとしての条件をここは充分に備えている。奈良朝末期に日光山が観音のお浄土補陀洛と考えられていたことは、弘法大師の詩文によって明らかである。その頃から関東に補陀洛信仰が取り入れられひろまったのであろう。江戸時代までは観音堂のすぐ足もとまで浦の波が打ち寄せていたという。ご詠歌に「岸うつ波を見るにつけても」とあるのが往時を想いおこさせる。この明媚《めいび》な風光はこれまでに幾多の巡礼者の心を澄ませてきた

松平定信揮毫による「円通閣」の額がかかる観音堂

ことか。しかも、ここが結願《けちがん》の札所、満願《まんがん》の喜びと共に巡礼がそれぞれの感慨を抱く霊場である。

『那古寺縁起』に元正天皇の養老元年（七一七）天皇の御悩平癒のため、僧行基《ぎょうき》が老翁の告げにより、ここの海中より香木を得て千手像を刻み、祈念したところ、直ちに効験あり、勅願によって山上に伽藍が建てられたとある。因みに行基作と伝える千手観音さまのお像は専門家の推定では、藤原期の華麗な特長を具えているといわれる。樟造で補修部分は桧材であるそうだ。今、山上の古屋敷と呼ばれているのがその遺跡である。のちに慈覚《じかく》大師が止住せられ、さらに正治年間（一一九九〜一二〇一）秀円《しゅうえん》上人に至って真言《しんごん》密教の霊場となったのである。

俗に裏坂と呼ばれるゆるい勾配の参道を進み、まず仁王門をくぐる。そして石畳の参道を藤原期の作と伝える木造阿弥陀如来《あみだにょらい》の座像を祀る阿弥陀堂を拝しながらさらに行くと、多宝《たほう》塔が建っている。宝暦十一年（一七六一）住僧憲長《けんちょう》が伊勢屋甚右衛門らと力を合わせ、万人《まんにん》講《こう》を組織、勧進《かんじん》して建てたものである。

下層四面に切目椽をめぐらせて、和様勾欄《わようこうらん》を配した姿は見事であるが、その施工者が地元那古寺及び周辺の大工であったことが注目されている。定型を守りながら新しい様式を取り入れているあたり、棟梁はなかなか意欲的である。

宝暦11年、地元の棟梁によって建てられた多宝塔

やがて朱塗り本瓦葺きの本堂が八間の奥行きも堂々とその側面を現わす。表参道からならすぐ入堂できるが、この道からは数段の石段を上り左に廻って正

面に出る。観音堂の御拝《ごはい》には老中松平定信《さだのぶ》の揮毫による「円通閣《えんつうかく》」の額がかかっている。

里見《さとみ》氏一族とのかかわり

源頼朝がこのご本尊に帰依して七堂伽藍を建立、また足利尊氏・里見義実《よしざね》もあつい信仰を捧げた。特に当山第二十一代の別当《べっとう》は里見義秀《よしひで》であり、二十三代は里見の熊石丸《くまいしまる》であるなど里見氏との深い関係で寺勢は大いに伸張した。徳川家康の頃には鶴谷八幡宮の別当を兼ね、末寺十五ヵ寺、駕籠《かご》側《わき》八人衆、三百石を領する大寺となった。寺宝の僧形八幡大画像は当山の隆盛を今に伝えている。

だが元禄十六年（一七〇三）の大震災で堂塔全壊、幕府は岡本兵衛を奉行《ぶぎょう》として、宝暦八年（一七五八）場所を現在地に再建された。内陣安置の銅造千手観音像（重文）は鎌倉期の作である。頬にはりをもっておられるきびしいお顔に内蔵される生命力を感じとることができる。ご本尊と共に善男善女に拝まれ今日に至っている。なお客殿前の大蘇鉄は古株で、茎が十二本に枝分かれした巨木である。嘉永七年（一八五四）江戸の力士「一力長五郎奉納」との刻名が礎石にある。

補陀洛山 那古寺

交通　電車：JR内房線那古船形駅下車、徒歩15分、又館山駅下車、5番乗り場から館山日東バス南無谷・小浜行きで「那古」徒歩5分　車：富津館山道路富浦料金所を館山バイパスに入る、那古交差点を右折して県道302号線を進み寺へ約3キロ（6分）

駐車場　無料

宿泊施設　なし

拝観料　無料

納経時間　8:00 ～ 17:00

主な年中行事　1月1日：初詣　2月3日：節分会　7月18日：観音祭礼（夏祭り）　8月9日：四万六千日　10月：大施餓鬼会　12月31日：除夜

山主の観音日誌より

那古寺第六十二世山主　石川良泰

ある日一人の老婦人が本堂での読経後静かに私に語りかけた。

私は近くの農村から戦前横浜に嫁いだ者です。空襲で焼け出され幼い子供の手を引いて故郷の母を頼って帰りました。ある時、母と二人、那古観音さまの緋縁に座し、このまま田舎に帰って百姓をするか、再び横浜に出るか迷いに迷いました。

その時母に「今のお前にはいずれにしても住むに家なしだ。故郷で兄にわずかな農地を分けてもらい、小百姓となってもうだつもあがらぬ。苦労も多い。同じ苦労するなら空襲で死んでしまったつもりで横浜へ出て一生懸命働きなさい一と言われて、泣き泣き横浜へ出た。

それからは頑張りに頑張って働いた。おかげで子供も成功を収め、今では親戚一番の幸せ者とほめられるようになった。私は毎年故郷へ帰るとまずお観音さまに詣で、次に今はなき母の墓前にぬかづき、さらに親戚廻りをすることにしています。

那古観音の朱塗りの縁で母が私にさとしてくれた言葉は、母の口を通して語られたお観音さまのお告げであると固く信じて今日まで過ごして参りました。お観音さまのお慈悲ほど有難いものはございません、と。

巡拝にあたり

巡礼の十徳

一つには三悪道《あくどう》に迷はず。
二つには臨終正念《りんじゅうしょうねん》なるべし。
三つには順礼する人の家には諸仏影向《ようごう》あるべし。
四つには六観音の梵字《ぼんじ》ひたいにすはるべし。
五つには福智円満なるべし。
六つには子孫はんじょうすべし。
七つには一生のあいだ僧供養《くよう》にあたるなり。
八つには補陀落《ふだらく》世界に生ず。
九つには必ず浄土に往生す。
十には諸願成就するなり。

「西国順礼細見記」より

一には火難、水難、横死の難、盗賊の難をのがる。
二には悪畜、どく虫、すべて獣《け》ものにあひ死することなし。
三には毒薬、無実の難をまぬがる。
四には雷電《かみなり》、落馬の死をせず。
五には厄難、ねつ病、すべて流行病をうけず。
六には海川、船に乗って風波の難をまぬがる。
七には寿命長久、子孫のはんじゃうを守り玉ふ。
八には諸神、諸仏応護し玉ふ。
九には諸願成就せずといふことなし。
十にはもろもろの罪障めっして、極楽浄土へむかふべしとのお誓ひなり。

「西国三十三所霊場記」より

巡礼十三ヶ条心得の事

一、第一信心に観音の御名を唱ふべきこと。

一、専ら慈悲の心を持て順礼すべし。
一、もろ〳〵の生物殺すべからず。
一、女にたわむれのことばなすべからず。
一、はらぐすりきつけもつべし。
一、酒をすごすべからず。
一、同行口論なきやうつゝしむべし。
一、船頭日用に銭の多少にて争ふまじ。
一、身のまはり軽く金銭も少しもつべし。
一、足弱主人に荷物ようしやあるべし。
一、しょく物の養生すべし。
一、日のうちにはやく宿をかるべし。
一、夜ぶかにやどを出まじきこと。

参拝方法

1、山門のある寺院では、帽子等を脱ぎ合掌一礼をする。
2、水屋がある寺院では、両手と口をすすぐ。
3、鐘楼で鐘を打つ。(自由に打てるところのみ、参拝後に鐘をつくのは「戻り鐘」になるので絶対に打たない)
4、本堂向拝(入口)で所定の箱に納札、写経を納める。
5、お灯明、線香、賽銭をあげる。
6、ご本尊を念じ、合掌し読誦《どくじゅ》する。(開経偈、般若心経、ご詠歌、本尊名号、回向文)
7、納経所で所定の納経料を納め、納経帳、お軸、笈摺《おいずる》などに納経宝印を頂く。
8、山門を出る時、脱帽して本堂の方を向いて御本尊に合掌拝礼をする。

巡拝用品

●納経帳
●笈摺

●納経軸

※朱印、納経の料金については以下を参考にしてください。

・納経帳（重印含）　300円

・笈摺・白衣

　朱印のみ　200円

　朱印・納経　500円

・掛軸（絹紙共）　500円

・御影　100円

●経本　定価500円

巡礼の旅

坂東三十三観音霊場の発祥は、平安時代にまで遡《さかのぼ》ります。当時、花山法皇が大和長谷寺に詣で、暁に祈念しておられると、香衣の老僧が現れ「我れ坂東八洲に於いて身を三十三所に現ず。其の能く霊場を知るは河州石河寺の仏眼上人なり。彼と倶に坂東霊場を始行してあまねく道俗男女を導くべし」とのお告げを受け、巡礼されたことが始まりともいわれておりまナ。西国観音霊場と秩父観音霊場を合わせて百観音霊場と称され、歴史と伝統ある観音霊場でもあります。

巡礼は鎌倉から始まり、千葉館山までの一都六県を周る旅であり、全行程一三〇〇キロメートルを超え、その道則に点在する三十三の観音さまとご縁を結ぶ旅であります。また、高い山々、美しい海岸線など見所満載のコースでもあります。今日では鉄道や自動車を利用した巡礼が主流でありますが、草創時は時間と労力のかかる徒歩巡礼であり、人々は命の儚《はかな》さを悟り生老病死の苦しみから逃れるため、観音さまに現世の利益を求め巡礼をしたのでした。

現在に至ってもその魅力は褪《あ》せることなく沢山の方々を観音巡礼の旅へと誘っております。近年では御朱印を頂くことやお寺に参拝することが流行となり、色々なスタイルでお寺参りをされる方が増えてまいりました。御朱印集めから観音信仰の「心の旅」に発展していければと願っております。

この度発刊されます『改訂新版　坂東三十三所観音巡礼』は、まさに坂東巡礼の先達書であり、観音信仰の正道を歩むための心構えがしたためられております。

また、旅には娯楽も大切で、本書は各名所や景勝地などの紹介もあり、巡礼の楽しみを増幅させてくれる一冊であります。是非この『改訂新版　坂東三十三所観音巡礼』をお供に観音さまに会う旅に出発して下さい。

そして、何か困難に出会ったとき「南無観世音菩薩」とお唱えください。観音経のなかに真心をもって「南無観世音菩薩」と一心に唱えれば、私達の音声を観じてたちどころに苦悩を祓って下さると説かれております。また観世音菩薩は三十三の姿に変じて人々を救済して下さると説かれております。きっと声を聞いてお助け下さるでしょう。巡礼なさる方が途中出会うすべてのことが観音さまのご加護であり、観音さまが寄り添って下さるのです。みなさんをお迎えする我々お寺の僧侶も、必ずや観音さまの心でお迎えするでしょう。どうか安心して「心の旅」に出てください。そして巡礼が終わる頃にはあなたも観音さまの心に成り、人生に幸福を感じられるでしょう。

二〇一九年四月二十日

坂東札所霊場会

理事長　川田興聖

第５日目・旅館～㉘龍正院～㉖清滝寺～㉕大御堂～筑波山（泊）
第６日目・旅館～㉔楽法寺～㉓観世音寺～㉒佐竹寺～㉑日輪寺～
　　　　　袋田（泊）
第７日目・旅館～⑳西明寺～⑲大谷寺～⑱中禅寺～鬼怒川（泊）
第８日目・旅館～⑰満願寺～⑫慈恩寺～⑪安楽寺～⑩正法寺～
　　　　　⑨慈光寺～秩父（泊）
第９日目・旅館～⑮長谷寺～⑯水澤寺～東京または善光寺へ

この巡り方の場合、33番札所那古寺で、札所のご朱印はいただけますが結願のご朱印はいただけないので、改めてお参りすることが必要です。

●第13番　浅草寺起点

第１日目・⑬浅草寺～⑭弘明寺～①杉本寺～④長谷寺～③安養院～
　　　　　②岩殿寺～江ノ島（泊）
第２日目・旅館～⑤勝福寺～⑦光明寺～⑥長谷寺～⑧星谷寺～
　　　　　八王子（泊）
第３日目・旅館～⑨慈光寺～⑩正法寺～⑪安楽寺～⑫慈恩寺～
　　　　　⑮長谷寺～⑯水澤寺～伊香保（泊）
第４日目・旅館～⑰満願寺～⑱中禅寺～鬼怒川（泊）
第５日目・旅館～⑲大谷寺～⑳西明寺～㉑日輪寺～袋田（泊）
第６日目・旅館～㉒佐竹寺～㉓正福寺～㉔楽法寺～㉖清滝寺～
　　　　　㉕大御堂～筑波山（泊）
第７日目・旅館～㉘龍正院～㉙千葉寺～㉗円福寺～犬吠崎（泊）
第８日目・旅館～㉜清水寺～㉛笠森寺～㉚高蔵寺～㉝那古寺～
　　　　　小湊（泊）
第９日目・旅館～千葉～東京

巡拝計画

巡拝日程は、乗用車使用のものです。電車とバスなら約 12 日間、徒歩なら 40 日間ともいわれています。ここでは 33 札所のみ記載しましたが、例えば長野・善光寺、成田山新勝寺、日光東照宮や、9 番慈光寺参詣後の秩父札所、13 番浅草寺参詣後の江戸札所など、自由に工夫をこらして巡拝日程を組まれればさらに思い出深い巡礼行になるでしょう。

また地域的にまとまっている札所を何ヵ寺か決めてきめて、数回に分けて参拝するのもよい方法です。

●第１番　杉本寺起点

第１日目・①杉本寺～④長谷寺～③安養院～②岩殿寺～⑤勝福寺～⑦光明寺～⑥長谷寺～飯山 (泊)

第２日目・旅館～⑧星谷寺～⑭弘明寺～⑬浅草寺～東京 (泊)

第３日目・旅館～⑫慈恩寺～⑨慈光寺～⑩正法寺～⑪安楽寺～⑮長谷寺～⑯水澤寺～伊香保 (泊)

第４日目・旅館～⑰満願寺～⑱中禅寺～鬼怒川 (泊)

第５日目・旅館～⑲大谷寺～⑳西明寺～袋田 (泊)

第６日目・旅館～㉑日輪寺～㉒佐竹寺～㉓正福寺～㉔楽法寺～㉕大御堂～筑波山 (泊)

第７日目・旅館～㉖清滝寺～㉘龍正院～㉗円福寺～犬吠崎 (泊)

第８日目・旅館～㉙千葉寺～㉚高蔵寺～㉛笠森寺～㉜清水寺～小湊 (泊)

第９日目・旅館～㉝那古寺～東京

●第５番　勝福寺起点

第１日目・⑤勝福寺～⑦光明寺～⑥長谷寺～⑧星谷寺～④長谷寺～①杉本寺～③安養院～②岩殿寺～江ノ島 (泊)

第２日目・旅館～⑭弘明寺～⑬浅草寺～東京 (泊)

第３日目・旅館～㉙千葉寺～㉚高蔵寺～㉝那古寺～小湊 (泊)

第４日目・旅館～㉜清水寺～㉛笠森寺～㉗円福寺～犬吠崎 (泊)

第２９番　海上山　千葉寺　（千葉寺）

千葉市中央区千葉寺町 161　〒 260 - 0844　☎ 043 - 261 - 3723

本尊：十一面観世音菩薩　宗派：真言宗豊山派

第３０番　平野山　高蔵寺　（高倉観音）

千葉県木更津市矢那 1245　〒 292 - 0812　☎ 0438 - 52 - 2675

本尊：正観世音菩薩　宗派：真言宗豊山派

第３１番　大悲山　笠森寺　（笠森観音）

千葉県長生郡長南町笠森 302　〒 297 - 0125　☎ 0475 - 46 - 0536

本尊：十一面観世音菩薩　宗派：天台宗

第３２番　音羽山　清水寺　（清水観音）

千葉県いすみ市岬町鴨根 1270　〒 299 - 4624　☎ 0470 - 87 - 3360

本尊：千手観世音菩薩　宗派：天台宗

第３３番　補陀洛山　那古寺　（那古観音）

千葉県館山市那古 1125　〒 294 - 0055　☎ 0470 - 27 - 2444

本尊：千手観世音菩薩　宗派：真言宗智山派

第２２番　妙福山　佐竹寺　（北向観音）

茨城県常陸太田市天神林町 2404　〒 313－0049 ☎ 0294－72－2078

本尊：十一面観世音菩薩　宗派：真言宗豊山派

第２３番　佐白山　正福寺　（佐白観音）

茨城県笠間市笠間 1056–1　〒 309－1611 ☎ 0296－72－1332

本尊：十一面千手観世音菩薩　宗派：真言宗単立

第２４番　雨引山　楽法寺　（雨引観音）

茨城県桜川市本木 1　〒 309－1231 ☎ 0296－58－5009

本尊：延命観世音菩薩　宗派：真言宗豊山派

第２５番　筑波山　大御堂　（大御堂観音）

茨城県つくば市筑波 748　〒 300－4532 ☎ 029－866－0126

本尊：千手観世音菩薩　宗派：真言宗豊山派

第２６番　南明山　清瀧寺　（清瀧観音）

茨城県土浦市小野 1151　〒 300－4108 ☎ 029－862－4576

本尊：聖観世音菩薩　宗派：真言宗豊山派

第２７番　飯沼山　円福寺　（飯沼観音）

千葉県銚子市馬場町 293　〒 288－0054

本坊☎ 0479－22－1741　観音堂☎ 23-1316

本尊：十一面観世音菩薩　宗派：真言宗

第２８番　滑河山　龍正院　（滑河観音）

千葉県成田市滑川 1196　〒 289－0125 ☎ 0476－96－0217

本尊：十一面観世音菩薩　宗派：天台宗

第１５番　白岩山　長谷寺　（白岩観音）

群馬県高崎市白岩町 448　〒 370－3332　☎ 027－343－0349

本尊：十一面観世音菩薩　宗派：金峯山修験本宗

第１６番　五徳山　水澤寺　（水澤観音）

群馬県渋川市伊香保町水沢 214　〒 377－0103　☎ 0279－72－3619

本尊：千手観世音菩薩　宗派：天台宗

第１７番　出流山　満願寺　（出流観音）

栃木県栃木市出流町 288　〒 328－0206　☎ 0282－31－1717

本尊：千手観世音菩薩　宗派：真言宗智山派

第１８番　日光山　中禅寺　（立木観音）

栃木県日光市中禅寺歌ヶ浜 2578　〒 321－1661　☎ 0288－55－0013

本尊：十一面千手観世音菩薩　宗派：天台宗

第１９番　天開山　大谷寺　（大谷観音）

栃木県宇都宮市大谷町 1198　〒 321－0345　☎ 028－652－0128

本尊：千手観世音菩薩　宗派：天台宗

第２０番　獨鈷山　西明寺　（益子観音）

栃木県芳賀郡益子町大字益子 4469　〒 321－4217　☎ 0285－72－2957

本尊：十一面観世音菩薩　宗派：真言宗豊山派

第２１番　八溝山　日輪寺　（八溝山）

茨城県久慈郡大子町上野宮字真名板倉 2134 〒 319－3704 ☎ 0295－77－0552

本尊：十一面観世音菩薩　宗派：天台宗

第８番　妙法山　星谷寺　（星の谷観音）
神奈川県座間市入谷 3-3583-1　〒 252 - 0024　☎ 046 - 251 - 2266
本尊：聖観世音菩薩　宗派：真言宗大覚寺派

第９番　都幾山　慈光寺　（慈光寺）
埼玉県比企郡ときがわ町西平 386　〒 355 - 0364　☎ 0493 - 67 - 0040
本尊：十一面千手千眼観世音菩薩　宗派：天台宗

第１０番　巌殿山　正法寺　（岩殿観音）
埼玉県東松山市岩殿 1229　〒 355 - 0065　☎ 0493 - 34 - 4156
本尊：千手観世音菩薩　宗派：真言宗智山派

第１１番　岩殿山　安楽寺　（吉見観音）
埼玉県比企郡吉見町御所 374　〒 355 - 0151　☎ 0493 - 54 - 2898
本尊：聖観世音菩薩　宗派：真言宗智山派

第１２番　華林山　慈恩寺　（慈恩寺観音）
埼玉県さいたま市岩槻区慈恩寺 139　〒 339 - 0009　☎ 048 - 794 - 1354
本尊：千手観世音菩薩　宗派：天台宗

第１３番　金龍山　浅草寺　（浅草観音）
東京都台東区浅草 2-3-1　〒 111 - 0032　☎ 03 - 3842 - 0181
本尊：聖観世音菩薩　宗派：聖観音宗

第１４番　瑞応山　弘明寺　（弘明寺観音）
横浜市南区弘明寺町 267　〒 232 - 0067　☎総事務所 045 - 711 - 1231
本尊：十一面観世音菩薩　宗派：高野山真言宗

坂東三十三観音札所一覧

第１番　大蔵山　杉本寺　（杉本観音）
神奈川県鎌倉市二階堂903　〒248－0002　☎0467－22－3463
本尊：十一面観世音菩薩　宗派：天台宗

第２番　海雲山　岩殿寺　（岩殿観音）
神奈川県逗子市久木5–7–11　〒249－0001　☎046－871－2268
本尊：十一面観世音菩薩　宗派：曹洞宗

第３番　祇園山　安養院田代寺　（田代観音）
神奈川県鎌倉市大町3–1–22　〒248－0007　☎0467－22－0806
本尊：千手観世音菩薩　宗派：浄土宗

第４番　海光山　長谷寺　（長谷観音）
神奈川県鎌倉市長谷3–11–2　〒248－0016　☎0467－22－6300
本尊：十一面観世音菩薩　宗派：浄土宗単立

第５番　飯泉山　勝福寺　（飯泉観音）
神奈川県小田原市飯泉1161　〒250－0863　☎0465－47－3413
本尊：十一面観世音菩薩　宗派：古義真言宗

第６番　飯上山　長谷寺　（飯山観音）
神奈川県厚木市飯山5605　〒243－0213　☎046－241－1635
本尊：十一面観世音菩薩　宗派：高野山真言宗

第７番　金目山　光明寺　（金目観音）
神奈川県平塚市南金目896　〒259－1201　☎0463－58－0127
本尊：聖観世音菩薩　宗派：天台宗

坂東札所霊場会 編

坂東札所霊場会事務局
（住所）東京都台東区浅草２－３－１　浅草寺内（〒111-0032）
（電話番号）03（3842）0181

地図＝田村尚子　　装丁＝森本良成

改訂新版坂東三十三所観音巡礼
2019年４月30日　第１版第 1 刷
2022年８月20日　第１版第 3 刷

編　者　坂東札所霊場会
発行者　嵤　牧夫
発行所　株式会社朱鷺書房
奈良県大和高田市片塩町8-10（〒635-0085）
電話 0745-49-0510　Fax 0745-49-0511
振替 00980-1-3699
印刷所　株式会社モリモト印刷株式会社

定価はカバーに表示してあります。落丁・乱丁本はお取替いたします。

ISBN978-4-88602-354-4　C0015　©2019
ホームページ http://www.tokishobo.co.jp